QUANDO O TERAPEUTA É O PROTAGONISTA

Dados Internacionais de Catalogação na Publicação (CIP)
(Câmara Brasileira do Livro, SP, Brasil)

Duclós, Suzana Modesto
Quando o terapeuta é o protagonista : encontro com Dalmiro M. Bustos / Suzana Modesto Duclós. — São Paulo : Ágora, 1992.

ISBN 85-7183-420-2

1. Bustos, Dalmiro M. — Entrevistas 2. Psicodrama 3. Psicoterapia de grupo I. Título.

92-2351 CDD-616.8914092

Índices para catálogo sistemático:
1. Psicoterapeutas : Vida e obra 616.8914092

QUANDO O TERAPEUTA É O PROTAGONISTA

Encontro com Dalmiro M. Bustos

Suzana Modesto Duclós

ÁGORA

Capa: *Ettore Bottini*

Editora Ágora Ltda.
Caixa Postal 62 564
01295-970 - São Paulo - SP

SUMÁRIO

PRÓLOGO

Este livro contém um encontro, uma longa conversa, uma entrevista, entre dois terapeutas. É combinado numa manhã de julho em São Paulo, iniciado num domingo de inverno em Buenos Aires e terminado sob o sol de verão de Pinamar. A história não oficial de sua origem parte da minha formação pessoal e acadêmica como psicoterapeuta. Por aí se desenrolam experiências de convívio com os terapeutas-mitos, os modelos vivos, os pares, e comigo mesma neste papel.

Creio que a primeira vez em que pensei formalmente em escrever sobre este tema foi há alguns anos, em Córdoba, onde participei de um *workshop* chamado "As máscaras do terapeuta". Era um solene e bem-humorado jogo psicodramático em que os terapeutas tomavam contato com as máscaras usadas (expressão facial, tom de voz, postura, comunicação verbal). Concretizando as máscaras, conhecíamos e nos reconhecíamos no que estava por trás delas. Quem era o terapeuta...

A conhecida pergunta "o que é ser terapeuta?" provoca inúmeras respostas, muitas vezes ricas e complementares. Mas não me sinto tentada, aqui, a seguir essa trilha. Enveredo por outra, onde a pergunta que circula é: "Quem é o terapeuta?".

Este livro é uma convocação a desmitificar a imagem do terapeuta. E, com muita naturalidade, apresentar sua face e muitas de suas expressões. Mostrá-lo sem onipotência e perfeição, porque é um ser humano, parte do mundo. Desvelar seus ciclos, seus conhecimentos, suas convicções e incertezas, esperanças e temores, fragilidade e força, contradições e buscas. É um convite a outros terapeutas, a estudiosos das ciências humanas e a pessoas que buscam crescimento e mudanças. Uma proposta de aprendizado intimista, como mais uma forma de romper distâncias e nos sentirmos acompanhados naquilo que nos é comum como homens.

É também um livro para aqueles que ainda pensam ser este profissional alguém que não está sujeito às marés da vida, com todos os seus sentimentos e circunstâncias sob controle. Alguém que não tem becos sem saída e saídas sem becos.

Escolhi Dalmiro Bustos como personagem principal deste livro por afeto, admiração, respeito. Por sua experiência, competência, disponibilidade e sabedoria. Por ser um ser humano que, sem ter um rígido compromisso com a perfeição, trabalha pela harmonia, num profundo movimento de autenticidade. Tenho a convicção de que será imensamente gratificante voltar-se para a pessoa deste autor-ator que transcende os *scripts* dados, faz suas próprias sínteses e cria um jeito singular de viver sua vida e seu trabalho.

Junta-se a isso o fato de ser ele parte importante da matriz de identidade do movimento psicodramático brasileiro. É diretor do Instituto J. L. Moreno em Buenos Aires e São Paulo. Desde a década de 70, tem dado marcante contribuição à formação de terapeutas brasileiros e argentinos. Sua formação como diretor de psicodrama foi realizada no Moreno Institute de Nova York. Tem muitos livros publicados, em que se pode conhecer, por meio de teoria e técnicas, sua capacidade criativa.

A possibilidade que abro aqui é a de, partindo do papel do terapeuta, revelar a pessoa. E assim ele, Bustos, ao falar de si, fala de nós, para nós e, quem sabe, por nós. Não espero que necessariamente gostem dele e tampouco que concordem com ele. Espero apenas que o conheçam; o que brotar em conseqüência poderá ser um salto, um ir além.

Dividi a entrevista em três partes: Revisitando a história pessoal; Das escolhas, caminhos e buscas profissionais; e Com o olhar e o pensamento de agora. Procurei preservar o tom coloquial de nossas conversas. Isso resultou, sem dúvida, em imperfeições de linguagem, mas garantiu a espontaneidade da comunicação.

Daqui para a frente é Dalmiro Bustos quem está em cena. Entra neste espaço diferenciado para apresentar sua peça. Passa a ser o autor-ator da história. É o protagonista. Quando, no início do primeiro ato, convido-o a "aproveitar a música para fazer uma volta ao passado", lentamente vou deixando-o no palco e descendo imaginárias escadas em direção à platéia. Cabe a mim, agora, dirigir, dar o clima, as marcações, ter a visão do todo neste momento. Estou num outro lugar, ao mesmo tempo distante e intensamente próximo.

Estou na penumbra da platéia. Bustos está sob os holofotes do palco. E, como terapeuta-protagonista, seu primordial movimento é revelar-se.

Suzana Modesto Duclós
Florianópolis, abril de 1992

CAPÍTULO I

REVISITANDO A HISTÓRIA PESSOAL

S No psicodrama, considera-se o aquecimento como a preparação para um ato espontâneo. Então, como somos dois psicodramatistas, vamos usar essa música que você acaba de colocar, como aquecimento para fazer uma volta ao passado. Quando começa sua história?

B No dia 9 de outubro de 1934, em La Plata. Libra, ascendente Sagitário. Dizem que Libra tem a ver com equilíbrio e criatividade, as mesmas características do Cachorro, meu signo no horóscopo chinês.

S De onde vem sua família?

B Meus pais nasceram em La Plata, cidade fundada há mais de um século e planejada para ser a capital da província de Buenos Aires. Pertenço à sétima geração argentina dos Bustos, uma família com tradição na medicina — meus ancestrais foram cirurgiões do exército do general San Martín. Pelo que sei, a origem é de Huelva, Andaluzia, na Espanha.

Do lado de minha mãe, que se chama Haydée Duboé, a matriz é a França. Ela passou a infância lá, pois meus avós foram atrás de uma herança - terras ou casa, não tenho certeza. Ninguém sabe até que ponto essas histórias são reais ou mitos familiares: padres se apropriando de parte das terras, por exemplo. Ou mesmo aventuras relacionadas com a família de D'Artagnan, da qual, dizem, somos descendentes.

S Você conheceu seu avô Duboé?

B Não. Ele morreu moço, depois de voltar da França com a mulher e seis filhos. Parece que o assunto da herança não era o que tinham imaginado.

Esse tipo de memória entre o fato e a lenda também faz parte dos Bustos. Meu pai, Dalmiro, era o menor de cinco irmãos, gente de destaque em Buenos Aires, e contam que quase morreu de meningite aos nove meses de idade. Acho que isso realmente aconteceu, pois foi um assunto muito comentado.

Era época de carnaval: o médico não deu nenhuma esperança. Mas a determinação da minha avó impediu a tragédia: "Nenhum filho de Pancha Larraburu Bustos vai morrer", disse ela. Contam que a mandíbula do menino ficava imóvel, impedindo a alimentação. Ela, então, pegava duas panelas, uma de água quente e outra de água fria, e dava banhos alternados na criança. Quando ele começava a tremer, ela aproveitava a ocasião para abrir a boquinha dele e enfiar o leite.

Foi assim que meu pai sobreviveu, tendo como única seqüela um pequeno desvio na coluna, uns poucos centímetros no ombro, pouca coisa. Isso criou o mito de que ele precisava de cuidados constantes. Não podia fazer esforço nem estudar. Por ser superprotegido, cursou apenas até o secundário, mas era cultíssimo. Sua paixão estava nos livros, ele possuía uma enorme biblioteca. Daí surgiu seu sonho — realizado — de enviar todos os filhos para a universidade.

S Onde seu pai morava nessa época?

B Em La Plata. A família era originalmente de Buenos Aires, mas mudou-se para lá. Mais tarde, Pancha e Manuel (esse era o nome do meu avô) se separaram. Ela permaneceu em La Plata e ele voltou para a capital. Herdei o nome dos dois, pai e avô: sou Dalmiro Manuel.

S Estavam, então, todos em La Plata, num determinado momento. Haydée e Dalmiro se conheceram jovens?

B No carnaval daquela época, as moças iam nas carroças e os cavalheiros levavam flores para elas. Acho que o namoro começou assim. Depois, casaram-se e tiveram quatro filhos.

S Como seu pai se arranjou em relação à própria autonomia? Ele conquistou sua independência ou não?

B Ele permaneceu sempre protegido, como alguém que conteve a ambição, a vontade de fazer coisas. Foi funcionário público e gostava de trabalhar como especialista em terras e estradas, mas tinha um potencial bem maior. Sua mitologia pessoal não lhe permitia ir além disso. Ficava, então, muito recolhido. Acho que descarregava essa ansiedade através do cigarro; ele fumava muito. Dava até para sentir sua tristeza nos olhos muito azuis. É natural que sua expectativa de expansão tenha se projetado nos filhos. Queria muito que estudassem, mas falava sobre isso sempre com meias palavras.

S E sua mãe, Haydée?

B Era exatamente o contrário. Professora primária originária de uma família sem muitos recursos, tinha, entretanto, o espírito aventureiro e o gosto pela fantasia. Se dispusesse de uma pequena economia, por exemplo, procurava atender nossos desejos por mais mirabolantes que fossem. Era muito inteligente e corajosa: apoiava todos os movimentos de liberação da mulher. Ao mesmo tempo, dizia que sua maior felicidade foi ter dedicado a vida a cuidar dos filhos. Era doce, divertida e franca. Acho que nunca a ouvi gritar, mas ninguém duvidava de sua autoridade.

S Como era a vida de vocês?

B Minha mãe comandava a casa quando meu pai viajava a trabalho — ele ficava um mês fora e outro em casa. Planejava sempre um passeio, um cinema, uma festa, alguma pequena comemoração a propósito de qualquer coisa. O clima mudava quando meu pai voltava. Ele não gostava de barulho. Não era violento, mas muito contido, e suas exigências recaíram sobre meu irmão mais velho, Jorge, que nasceu em 1925. Meu pai tinha uma severidade além da conta com ele, e como Jorge não se rebelava, isso se manteve.

Existe até uma identificação com os aspectos mais negativos. Por exemplo: meu pai morreu de enfisema pulmonar — e meu irmão está morrendo da mesma doença agora. Meu pai morreu com um cigarro na mão e meu irmão me disse que está quase sem pulmão ativo, mas continua fumando. Jorge se formou engenheiro muito jovem, aos vinte e dois anos, mas nunca foi feliz com a escolha. Ele gostaria de ter sido médico. Há alguma coisa aí. Não conheço a história direito — às vezes se comenta; outras vezes, não.

O que me intriga é o seguinte: se ele foi o primeiro filho, por que não herdou o nome do meu pai ou do avô? Isso aconteceu comigo, que sou o terceiro — vim logo depois de Graciela, nascida em 1929, e antes de Beatriz, que é quatro anos mais nova que eu. Mas eu não senti a carga. Acredito que o mandato familiar sempre existe, o importante é saber identificá-lo. Pode-se refazer o mandato, decidir se ele é coerente com sua proposta de vida.

S Quais foram as influências de Haydée?

B Ela morreu em 1982, aos oitenta e seis anos. Todos nós a veneramos muito. Fisicamente, sou mais parecido com minha mãe. Quem puxou sua personalidade foi Graciela, hoje professora de história, que é muito divertida, alegre, engraçada, viva. Tem aquela coisa da minha mãe, mas num estilo diferente. Ela e Beatriz, que é formada em literatura, costumavam também falar de suas preferências pela medicina. Mas parece que o lugar de médico estava reservado para mim.

S A vocação para a medicina se manifestou cedo em você?

B No início, minhas paixões eram os livros, a música e a pintura. Quem me ensinou algumas coisas sobre as tintas foi minha tia Josefina Bustos, que vivia em Buenos Aires, era amiga de Alfonsina Stormi, importante poetisa argentina, e freqüentava ambientes artísticos. Eu adorava ir à sua casa, onde se encontravam personalidades de várias tendências da literatura e da pintura. Ela me apresentou um mundo absolutamente fascinante. Eu me abria a ele, pois não gostava de praticar esportes e ficava horas inteiras lendo, como meu pai. Na infância, adorava Lousie May Alcott, Emilio Salgari e mais tarde Dickens. Aos catorze anos, lia Victor Hugo e depois Shakespeare, Garcia Lorca. Não costumava brincar, pois achava isso tão besta, um mundo tão fechado e pequeno em relação a tudo o que se abria com tantos segredos e mistérios. Os livros sempre me fascinaram.

S Você tinha seus personagens favoritos, aqueles que eram escolhidos para entrarem em seu mundo?

B Eu me empolgava mais pelos autores e as histórias. Foi assim a vida inteira. Começava com Henry Miller, por exemplo, e lia tudo, de ponta a ponta. Fiz isso também com Jorge Luis Borges, Ibsen e um fascinante escritor argentino pouco conhecido, Manuel Mujica Laines. Todos esses autores estavam na biblioteca de meu pai, que era um grande leitor. Ele não se ligava em muitas outras coisas, mas em livros, sim. Lembro-me desde pequeno de que, ao receber o salário, separava uma pequena parte para comprar livros. Então, ele saía e me levava junto.

S Ele costumava compartilhar seus rituais?

B Isso não era fácil, pois ele era muito exigente. Tenho cenas muito claras na minha cabeça sobre o relacionamento dele com o meu irmão. Jorge costumava baixar a cabeça. Eu olhava aquilo e dizia: "Isso não vai acontecer comigo", pois era o tipo de relacionamento que eu não queria. Cedo senti uma admiração e respeito por parte de meu pai. Era muito bom. Dizem que eu tinha resposta para tudo. Replicava sempre, mas jamais me exaltava, usando qualquer argumento para mostrar que ele estava sem razão. Deve ter sido um inferno, coitado, com todas aquelas frustrações...

S Suas irmãs tinham um relacionamento mais solto com o pai?

B Acho que ele não exigia tanto das mulheres. Era severo em relação ao namoro. Só permitia às quintas e sábados; nos outros dias, eu tinha que acompanhá-las. Mas isso era comum na época. Graciela sempre foi divertida, e é até hoje. Me encanto quando a vejo junto com minha esposa — são amigas íntimas. Acho que isso tem a ver com a criança que fui. Não chegava a ser um tímido, mas encontrava felicidade em coisas que não costumavam interessar às outras crianças.

S Sua dedicação aos livros provocava isolamento?

B Até certo ponto; não de maneira exagerada. Diria que esse era o ponto principal, a coisa mais importante que acontecia comigo, mais do que amigos ou primos — embora alguns sejam meus amigos até hoje. Acho que muitas brincadeiras de hoje têm a ver com o passado, com o que não brinquei. Adorei brincar com meus filhos e agora estou brincando muitíssimo com minha neta. Chego a ficar exausto, mas sempre concordo quando ela me pede para continuar a brincadeira. Isso tem muito também de psicodrama, com a maneira como entro no trabalho que proponho, na hora de formar grupos. É tudo muito relacionado com a situação de infância, quando quase não me atrevia a brincar.

S A família costumava viajar nas férias?

B Meu avô Manuel tinha duas casas na praia, em Mar del Plata. Uma em cima do morro, para os adultos, e outra na parte de baixo, para as crianças. Quando eu tinha uns quatro ou cinco anos, alguns filhos ficavam na casa de cima. A gente passava lá um tempo maravilhoso, de dezembro a março. Depois, no governo de Perón, as casas foram confiscadas. Parece que foram ocupadas por sindicatos, sei lá, e nós ficamos sem esse lugar. Foi uma perda, pois ali a família se reunia. Minha mãe então se virava para irmos à praia. A escolhida foi Miramar, próxima a Mar del Plata. Nesses períodos de folga, o que contava eram as pequenas aventuras. Fazíamos o que tínhamos vontade e minha mãe se divertia com isso. Ela achava chato qualquer tipo de dogmatismo, não gostava desse tipo de mulheres da época, de pensamento muito duro. Sempre tinha suas fantasias.

S Ela gostava de contar histórias?

B Sim, mas o que importava era o tom, o clima da narrativa. Como a do navio que carregava toda a família Duboé e naufragou na costa da África, afundando com toda a papelada. Acabaram ficando alguns dias por lá, e um africano queria comprar uma de minhas tias mais velhas. Minha mãe contava também que o duque de D'Artagnan não quis se ajoelhar diante do rei e foi deportado para a Holanda. Não sei se isso é verdade, mas também não interessa. São verdades profundíssimas e fazem parte da família. Pouco me importa se somos ou não descendentes de D'Artagnan.

É interessante que esse tom de aventura não existia nas histórias da família Bustos. Pelo menos, essa era minha impressão. Minha avó paterna contava para minha mãe — que por sua vez contava a todos nós — casos que não tinham o tom mais vivo, mais simpático dos Duboé. Eles eram até contados de uma maneira meio velada, de modo aparentemente mais sombrio, mas, se você ver de perto, não era assim tão terrível. Acho que fazia parte do espírito romântico da época. Como a história de meu avô, que brigou com o pai dele porque não quis casar com minha bisavó. Ele então resolveu renegar o sobrenome e adotar só o sobrenome dela, Arditi. Eram muito comuns brigas de filho com pai, mas eu recebia a narração desses casos como que tingida por uma cor trágica.

S O aprendizado na escola foi tão rico quanto esse contato com as lendas familiares e o mundo que se abria na leitura?

B Francamente... Para que aprender tanta coisa sem interesse? Essa foi minha pergunta durante todo o tempo de escola. Minha primeira escola foi aquela onde minha mãe trabalhava. Depois que ela se aposentou, terminei o primário e daí passei do colégio para a universidade, onde estudei medicina. Sempre quis saber por que precisava de informações inúteis, quando existiam tantas coisas mais interessantes. Lembro que uma vez reclamei, numa aula sobre a Grécia, por que não estudávamos a *Odisséia* de Ulisses em vez de decorar a capital, Atenas. A professora me mandou calar a boca, dizendo que eu era um menino muito ruim.

S Nessa fase é muito fácil discriminar o que se gosta de aprender na escola.

B Sim, era claro para mim. E a mitologia grega era tão fascinante! Quando conheci a Grécia, tive a sensação de apalpar a história verdadeira, não aquelas outras contadas por livrinhos tolos.

S Tudo o que já tinha sido visitado na fantasia estava ali. A fantasia era um mundo rico e familiar para você.

B Totalmente. É por isso que eu me cansava das aulas. Foram seis anos de primário, seis de secundário e seis de faculdade. Fiz o secundário em quatro. Ia fazendo um no verão, para pular o ano. Eu fazia as provas, freqüentava o curso e me submetia a novos exames. Assim foi que comecei a Medicina com quinze anos. Ia pulando, pois ficava com um tédio mortal e absoluto. Havia exceções, como as aulas de literatura, que eram uma delícia, mas decidi que deveria passar rápido.

A maneira que recebi educação escolar foi agressiva para mim como garoto. Um processo de enfiar coisas na cabecinha de milhões de crianças e adolescentes, sem que eles pudessem pensar, sentir ou discutir. Era um método impessoal contra a emoção, que é o centro nevrálgico da vida do adolescente. É o mesmo que colocar uma camisa-de-força. Não era isso o que eu queria, não me interessava aprender desse jeito. Mas fui um bom aluno.

S Seu ingresso na faculdade foi bastante precoce, não lhe parece?

B Isso me deslocou muito da turma. Meus colegas tinham por volta de dezoito anos. Minha condição de adolescente facilitava o isolamento, o que já era uma tendência em mim. Ficava, então, mais reservado. Com o agravante de que eu também achei um tédio a medicina, esse ensino fixo, duro. Acho que é por isso que passei tanto tempo procurando um jeito diferente de aprender, de ensinar, de transmitir, de viver o conhecimento.

S Você tinha algum apelido?

B Vasco, que quer dizer "cabeça dura" em espanhol. É uma pessoa muito determinada, teimosa. Minha avó Larraburu era vasca — das províncias Vascongadas — e os meus avós Duboé, também. Até hoje me chamam assim. Tive outro apelido, mas não pegou. Era Chelo, de Pacelli, o monsenhor que durante um Congresso Eucarístico em La Plata abençoou todas as crianças nascidas no dia 9 de outubro de 1934. Pacelli foi o papa Pio XII.

S Bustos, você passou por situações que lhe incomodaram muito? Teve alguma grande indignação nessa época?

B Uma vez fui acusado por meu pai de uma coisa de que não me lembro. Ele estava muito mal, eram dias que dava para sentir sua amargura. Mandou que eu fosse para o quarto, mas recusei. Ele insistiu, e eu ameacei ir embora de casa. Ele me chamou de insolente e decidi ir para a casa de uma tia, irmã de minha mãe, que morava próxima a nós. Confidenciei então à minha prima, de quem eu era muito amigo, que só voltaria para casa se viessem me buscar. Ele me chamou de vasco, e eu fiquei furioso. Queria que me pedisse perdão. Dois dias depois ele foi me buscar.

S Quais as cenas de tristeza que tiveram mais impacto em você?

B Mortes em família, como a da minha tia Josefina. Me senti abandonado por alguém que era uma mentora. Teve um problema no rim e meu tio, médico-cirurgião, operou-a, mas ela não se recuperou. Fechava-se assim uma porta de acesso a um mundo fascinante, bonito, que preenchia muita coisa em minha vida. Foi muito triste. Hoje, quando me encontro com meus primos, descubro que ela não significava a mesma coisa para os outros. Alguns até achavam que era uma pessoa muito chata.

Outra morte muito sentida foi a de meu avô. Esse era um tipo de acontecimento que não podia ser comentado. O clima era muito pesado, parece que a vida, o ar mesmo, ficava difícil de respirar. Quando minha irmã teve meningite — que era uma doença mítica na família —, ficamos semanas naquele silêncio. Não se podia fazer qualquer barulho. Lembro-me de mim, sentadinho no pátio, horas a fio, com um cachorrinho no colo, sentindo a sensação de morte próxima, um sentimento que vinha de algo que já conhecia, que estava na família, essa meningite, que um dia quase levara meu pai. Felizmente ela sarou, mas foram dias estranhos.

É difícil dizer se foram tristes. Mais certo é classificá-los como intensos. Quando minha irmã nasceu, por exemplo, perdi o trono de ser o mais novo e isso poderia ter sido triste, mas eu gostava do que estava acontecendo, era bom, aquele mistério da vida. Em casa, ninguém falava que o bebê vem dentro de alguma coisa ou que a cegonha vinha trazer. Não se falava em nenhuma outra história sobre a origem do bebê. Eu tinha quatro aninhos e naquela época sentia que algo terrível, mas bom, estava acontecendo. A sensação era de altíssima voltagem de emoção.

S Você disse que estava com um cachorrinho no colo. Era seu?

B Sempre tive cachorro. Um deles tem a ver com minha escolha de ser terapeuta. Era o dia em que meu avô Manuel morreu. Todos foram ao enterro, menos eu e minha irmã, pois éramos muito pequenos. Eu estava na rua com o cachorrinho, triste devido ao clima geral, não porque eu sentisse a morte de meu avô. Não sabia o que era isso. De repente o cachorro atravessou a rua e foi atropelado. Até aquele momento, era a morte de meu avô, que há tempos eu não visitava e nem tinha visto morrer. Mas dali para a frente, era a morte do cachorro e a sensação de um descuido meu.

Imediatamente, aconteceu outra coisa. Uma velhinha, que sempre me chamava a atenção e costumava ir à missa numa igreja perto da minha casa, esperava alguém para ajudá-la a atravessar a rua. Então peguei o cachorrinho morto e fui ajudá-la. Quando estávamos atravessando a rua, ela me disse: "Você é muito bom para as pessoas". Isso me fez sentir forte, num momento em que estava totalmente confuso. Acho que a visão adulta do mundo das crianças é como contar um sonho. Traduzir uma cena da infância numa linguagem diferente provoca a sensação de que você não está sendo fiel.

Acredito que a dor pela morte do cachorrinho foi muito grande porque, para mim, era também possivelmente a morte de meu avô. Era uma sensação palpável, imediata, bem diferente de um acontecimento que estava mais afastado de mim. Lembro que fiquei numa confusão total, me perguntando como é possível o cachorrinho pular do meu colo, atravessar a rua e morrer. Como ele podia fazer isso? Que absurdo!

S E depois disso você manteve o hábito de ter cachorros?

B Sim. Hoje, tenho dois em São Paulo, Focinho e Ágata. Em Buenos Aires, tenho Masha, uma saluki que me foi presenteada pela minha amiga Vera Koenis Lergu, e a Tanguita. Costumo me juntar com as pessoas e brincar com os nomes. Minha neta tem a filha de Tanguita, que batizou com um nome difícil de pronunciar, Azeitona. Minha neta é muito determinada, pior do que eu, um páreo para mim. Põe uma coisa na cabeça e vai em frente.

S Quais foram os momentos que você lembra de grande alegria e força?

B As férias com minha mãe: alegria, criatividade, luz. Minha convivência com ela tinha um certo encanto. Ela perguntava aos filhos o que queriam para o jantar — e atendia. Até hoje sou manhoso com comida. Se eu não quisesse ir à escola, ela deixava faltar. "Você é bom na escola, não precisa ir", dizia. Essas pequenas coisas cotidianas eram ampliadas quando estávamos em férias, quando ela ficava o tempo inteiro com a gente, sem censurar ou vigiar.

Lembro-me até de uma situação muito divertida, quando eu tinha uns onze anos e fizemos em casa a brincadeira do copo, para ver se minha irmã Graciela poderia ir ao cassino. Não sei como fiz, não posso dizer claramente como aquilo aconteceu e se eu estava conscientemente conduzindo o copo em direção às letras. Mas ficou determinado que ela deveria se apresentar na primeira mesa da entrada do cassino e jogar vinte e três vezes seguidas no preto. Minha irmã e minha prima, que estava sempre com a gente, ficaram totalmente convictas e foram ao cassino. Deu certo e ganhamos. Não me lembro quanto, mas era um dinheiro importante, que nos permitia ficar na praia por mais tempo. Fiquei um pouco envergonhado, não compreendia o que tinha feito. Não era a sensação de ter feito alguma coisa errada. Só sei que fiquei num entusiasmo louco porque depois as amigas da minha irmã queriam que eu adivinhasse coisas para elas.

S Você falou muito de sua adolescência voltada para os estudos. E os amores?

B Tive namoradas quando pequenino, mas eram pequenos flertes, como a Tita, que usava umas trancinhas e foi a mais importante. Na adolescência, não aconteceu nada, a não ser Ofélia ou Beatriz, personagens de livros. Essa vida sentimental foi até a faculdade, quando existia uma diferença de idade significativa: eu tinha quinze anos e elas, dezoito. Uma delas me confidenciou, anos depois, que estava apaixonada por mim. Eu nem tomei conhecimento.

Tive três namoradas, e de maneira muito séria, porque naquela época ninguém me ensinou a brincar. Freqüentava a casa, conhecia os pais, que me consideravam um bom partido, um futuro médico. Mas desmanchei porque eu não queria, só faltava casar, um absurdo. Depois aprendi o sentido de paquerar sem a *Marcha Nupcial* como música de fundo. Quando me formei aos vinte e dois anos e fui estudar nos Estados Unidos, comecei a compreender que tudo estava enquadrado de maneira muito formal e não havia margem para outra coisa nas relações. Ficava apaixonado, sofria intensamente e então a certa altura eu queria me livrar.

S Não havia leveza no relacionamento...

B Ao contrário, eu sofria muito. Lembro-me das poesias que eu escrevia, era um sofrimento atroz. Tinha também a certeza de que precisava ir embora, sair do lado da minha mãe, pois era muito forte a presença dela, e eu tinha que passar pelas minhas próprias experiências. Durante todo o tempo em que cursei a faculdade de medicina minha mãe esteve próxima, perguntando o que eu queria para comer. Meus companheiros adoravam ir à minha casa... Ela cuidava, sem controlar, é certo, mas não me permitia um distanciamento para me ver diante da vida. Estava claro para mim que precisava ir embora, e os Estados Unidos eram um país fascinante, eu adorava cinema.

S Ah, então não eram só os livros?

B Não, eu assistia qualquer coisa. Meu dinheiro ia para livros e cinema. Era um tema central na minha vida. Chegava a assistir três filmes numa tarde. Naquela época não havia censura, era permitido ver qualquer coisa, porque também tudo era tão inocente! Era um mundo fascinante, com Rita Hayworth, Ann Blyth, Greta Garbo, Vivien Leigh, Cary Grant. Gosto de filmes musicais até hoje. Essa paixão me ajudou a aprender inglês, língua que meu pai fazia questão que eu aprendesse. Já sabia francês através da minha mãe e não fazia muita questão do inglês, mas ele insistiu. Quando fui para os Estados Unidos, eu já sabia falar inglês, o que me facilitou a proximidade com Hollywood, a fantasia. Eu fazia questão de ficar longe das coisas sérias.

S Isso era claro para você?

B Para mim, sim. Para as namoradas, não. Precisava lutar para fazer o que queria. Sempre tive uma aparência de menino formado, bem-comportado, de família. Logo que conseguia uma residência médica, chegava ao hospital e começava a trabalhar, mas uma semana depois a mulher do diretor já vinha convidar para ir até a casa deles. Eu era então adotado com toda a facilidade. Cinco dias depois, me apresentavam uma menina.

S A sua imagem era de bom menino, que ajudava as pessoas mais velhas a atravessar a rua. Havia formação religiosa rígida em sua família?

B Não se falava muito nisso, nem foi muito marcante. Meu pai era claramente ateu e minha mãe, no fim da vida, virou católica. Algumas vezes meu pai se indignava com os padres, a estrutura repressiva da Igreja. Não era nada contra a figura de Deus, de quem não se falava muito. Meus pais também não aceitavam a atitude repressiva dos colégios religiosos.

S Como fica então a história de seu apelido, baseado no monsenhor Pacelli?

B Isso era mais uma questão de turismo, de curiosidade. Foi uma brincadeira. Só no fim da vida é que minha mãe falava sobre religião e lia muitíssimo sobre o budismo.

CAPÍTULO II

DAS ESCOLHAS, CAMINHOS E BUSCAS PROFISSIONAIS

S Como foi sua entrada na Faculdade de Medicina?

B Como estudei no Colégio Nacional, que é muito exigente, podia entrar direto na universidade e escolher qualquer faculdade, sem precisar fazer vestibular. Queria ser químico — talvez porque simpatizasse com a palavra, pois no secundário não era bom nessa matéria. Minhas favoritas eram literatura, história da arte, filosofia — o lado humanístico tinha mais força do que o científico. Gostava de desenhar e de pintar e não tinha certeza se ia seguir a carreira artística.

Eu sentia algo no ar, alguma coisa a respeito do mandato familiar — só que não tinha consciência nem falava muito sobre isso. Na família, destacava-se a figura muito prestigiada de Fernando, irmão de meu pai, professor de cirurgia na Faculdade de Buenos Aires. Entretanto, o fato que considero decisivo para cursar medicina veio de uma outra fonte. Eu tinha um amigo que estudava direito. Estava apaixonado pela mãe dele... Um pequeno deslocamento de Édipo. Para tornar mais romântico ainda o assunto, estava tuberculosa e acabei cuidando muito dela. Ajudei também meu amigo a cursar direito. Parecia *La Traviata* ou *Dama das Camélias*. De alguma maneira, ao cuidar de alguém que sofria, sentia que alguma coisa pairava no ar. Então, na hora H me encaminhei direto para a Faculdade de Medicina, que ficava perto da minha casa. Antes passei pela Faculdade de Belas-Artes e fiz inscrição num curso de pintura. Foi quase natural, como optar por um caminho que já está presente, mas nunca foi comentado.

S Houve influência de seus pais nessa escolha?

B Não, mas me vendo agora como pai, acho que eles gostaram. Espero, é claro, que meus filhos sejam felizes na escolha da profissão. Quando Javier e Maria Elena decidiram fazer medicina, pedi que fizessem um ano de orientação. Questionaram tudo, mas escolheram medicina mesmo. Fiquei feliz, assim como gostei quando meu filho mais velho decidiu-se por psicologia. Tem alguma coisa de identificação, vaidade, em sentir que seu filho quer fazer um caminho parecido com o seu. Isso traz uma satisfação, que é absolutamente legítima. O que não é legítimo é esconder isso, é pressionar. Fica uma coisa escondida, uma pressão não explícita.

No meu caso, além do contexto familiar, existia a limitação social. Numa família de classe média culta, o homem tinha poucas escolhas: medicina, engenharia, advocacia, muito menos do que se tem agora. É por isso que comecei como se fosse uma coisa natural. Quando me encontrei na Faculdade de Medicina, estava, como se diz, na minha casa.

S E era comum alunos de quinze anos?

B Não, não. Eu era o mais novo, sem dúvida, tido como um garoto vulnerável e levado, mas sensível. Havia preocupação com minha inclinação pela pintura, e perguntavam se poderia suportar aquilo, já que a medicina começa direto com as aulas de anatomia. Eu tinha uma aparência frágil, bem magrinho. Tenho um metro e setenta e pesava cinqüenta e cinco quilos quando me formei médico. Todo mundo apostava que eu não ia agüentar o tranco, mas trabalhei firme, preparado internamente para o que ia encontrar. Claro que não é agradável aquele cheiro de formol, mas existe toda uma estrutura na faculdade para você fazer uma dissociação. Assim como você pega um livro, ou lida com a terra, uma planta, da mesma maneira você pega um corpo humano, e isso permite estudar. A gente acaba até brincando com isso. Agora, se você entra em contato com o profundo de tudo isso, fica muito difícil. A dissociação operativa funcionou e me permitia um distanciamento para poder desempenhar bem meus estudos. Não posso dizer que tenha sofrido nesse campo, de jeito nenhum.

S Como se sentia no curso?

B Não achava graça em certas matérias. Metodologia, classificação, matérias que não permitem pensar, que exigem simplesmente o uso da memória. Mas é obrigatório e você acaba falando aquilo que eles querem ouvir. Havia um certo tédio nessa época. Me lembro de horas a fio estudando coisas repetidas. Perguntava-me o que eu tinha a ver com tudo aquilo. Eu queria saber como é uma pessoa, como se sente, a sua dor. Me revoltava muito esse tipo de coisa. Então, pintava.

Cheguei a ser um dos melhores alunos, mas não colocava muita energia, não me esforçava demais. Havia algumas matérias que eu gostava, principalmente se os professores conversavam comigo. Se alguém falava alguma coisa mais humana, eu aprendia. Do contrário, só me informava. Aquelas transmissões de conhecimentos enlatados tinham um cheiro de plástico, não me diziam nada.

S Como estava nessa época o país? Quando conversamos sobre as férias da infância, você contou sobre desapropriações feitas pelo governo.

B Isso aconteceu depois da guerra, em 1945 ou 46, no início do primeiro governo de Perón. Nós éramos absolutamente antiperonistas, lógico, ninguém de classe média para cima era partidário dele. Aí realmente deteriorou o nível do Colégio Nacional, com a ascendência dos professores favoráveis ao governo, em detrimento dos outros, que foram mandados embora. Entrou muita gente burra, sem gabarito nenhum. Acompanhei aquele processo até 1955, que foi a chamada Revolução Libertadora.

Hoje vejo essa oposição como um terrível erro, porque Perón foi escolhido por eleição livre. Saudei aquela tal revolução, que era um simples golpe de Estado. Não tinha consciência do que significava. Num nível mais amplo, estava comemorando o começo de uma era funesta, terrível, dos militares no governo, em que foram burros e péssimos administradores, totalmente corruptos. Eles não tinham consciência de que a identidade de um país tem muitíssimo a ver com o governo. Os militares em 56 não foram os mesmos de 77, 76, mas estimulavam o autoritarismo, a passividade dependente do povo que não participa das decisões. Até então democracia era para mim uma palavra sem significado profundo.

S Você quer dizer que, em 55, eles não entraram com tanta violência?

B Não existe uma medida para a violência. Se comparar o massacre dos judeus da Segunda Guerra com o genocídio argentino, você pode até concluir que este foi pequeno. Mas é um tipo de comparação absurda. Eu comemorei a violência, até que compreendi seu significado e comecei a olhar um pouco além.

S Nessa época começou a surgir a idéia de fazer psiquiatria?

B Foi no ano de 1955, já estava terminando a faculdade. Como eu era conhecido como não-peronista, fui chamado para integrar a equipe da cátedra de semiologia e comecei a praticar. Gostava muito de semiologia e clínica, era uma coisa que adorava e ainda adoro — para mim, o contato com o paciente é uma glória. Então fui chamado para ser ajudante de cátedra de um grande professor, Edmundo Vanni, muito sério e humano, e que foi um mestre para mim. Foi ele quem me sugeriu fazer semiologia psiquiátrica. Disse: "Não sei o que é, mas estudo um pouco". E comecei a me interessar: estava no quinto ano e tratava-se de mais uma coisa que achava simpática, achava bom.

Mas isso não me marcou muito, pois o que ensinam na faculdade é um tipo de psiquiatria em que os grandes mestres são Lombroso e Kraepelin — o que leva a gente a sempre ter uma visão da psiquiatria baseada no manicômio. Os professores são muito ruins, muito formais, sem nenhuma visão dinâmica, e então não me apaixonei. Mas ficou claro que eu gostava daquilo.

Depois entrei para os plantões em fisiologia. Imagino que tinha a ver com a mãe de meu amigo. Conversava muito com os pacientes, me interessava pelo que acontecia com eles e por uma experiência em grupo, de autoria de um tal de Prats, desenvolvida no início do século, na Europa. Era um neurologista que trabalhava com pacientes tuberculosos. Fazia nessa fase um tipo de conversa grupal. Falávamos do que sentiam, do que estava acontecendo com eles, dos medos, mas sem nenhuma clareza. Em seguida, viajei para os Estados Unidos e comecei a fazer um internato, em Nashville, Tennessee, em frente a Little Rock, Arkansas.

S O que é Little Rock?

B É o lugar onde aconteceu a grande revolução dos negros americanos. Era um centro de racismo enorme, onde vi o que é ser preto nos Estados Unidos. Era terrível, dava muita angústia sentir a discriminação. Havia um colega chileno bem moreno que era barrado em restaurantes. Diziam: "Você pode entrar, o senhor não". Nos ônibus, os pretos tinham que se sentar na parte de trás e mesmo assim ceder o lugar quando havia um branco de pé. Isso é uma grande violência. À noite, explodiam as bombas e o terrorismo, que era a única maneira de protestar. Tive sensações parecidas na África do Sul, anos mais tarde.

Fui de navio para os Estados Unidos. Naquela época, não havia avião tão facilmente, e a viagem de Miami para Buenos Aires durava mais de vinte e quatro horas com escalas, em aparelhos pequenos. A maneira mais comum de viajar era de navio. Fui acompanhado de dois colegas meus da faculdade. Sempre me senti um menino mimado, com pouca experiência do mundo, e comecei a estranhar, a me encontrar bem mais forte do que eu pensava. Por exemplo: a despedida foi triste, mas a vontade de ir embora era mais forte. A sensação de prazer de estar em busca era enorme, e não diminuiu mesmo com certo medo e sensação de ataque no estômago.

Lembro que na primeira noite de viagem, quando atravessamos o golfo de Santa Catarina, o navio começou a balançar muito. Fui tomar banho e a ducha ia de um lado para o outro, obrigando a me balançar. Achei divertido. Não senti nada e desci para jantar. Quando cheguei ao restaurante, lá estavam apenas o capitão do navio, o médico e os oficiais. Perguntei: "O que eu fiz? Ou estou mal vestido ou chegando numa hora errada". Fiquei vermelho — que sempre fico vermelho, por qualquer coisa, desde que nasci. Fiquei assim meio acuado, me sentindo estranho. Aí eles riram e me convidaram para a mesa deles, porque eu era o único passageiro que tinha ficado de pé. Os outros estavam vomitando.

Não senti nada, comi e bebi.

S Não mexeu com seu labirinto, nada?

B Nada, nada, nunca. Não devo ter labirinto, acho que é defeito de fábrica. Então, daí para a frente fiz amizade com o médico de bordo, os oficiais e com os passageiros, principalmente um casal de velhinhos, Mr. e Ms. Phillip, que me adotaram imediatamente.

Descobria coisas muito divertidas, me reconhecendo diferente do que tinha sido. Cheguei a Nova York e ia de avião para Nashville. Nesse hospital estavam amigos também da faculdade. Ao desembarcar, os Phillips disseram: "Você não vai para hotel nenhum, vamos para a casa da minha cunhada", que era viúva de Vincent Rose. Você se lembra da canção? (cantarola uma música...)

S *Whispering*?

B Sim. Ela morava numa casa bonita, com aqueles esquilos no jardim. Era pleno mês de outubro, outono nos Estados Unidos, uma beleza. Foram superacolhedores, me trataram muito bem e mostraram Nova York com outros amigos do barco. Entre os passageiros havia uma senhora, que era amiga de John Perona, dono do mais famoso *nightclub* da cidade. Fui lá e sentamos à mesa deles, com Elsa Martinelli. Me senti no topo do mundo. Eram experiências novas, fiz muitos amigos. Tenho lembranças muito bonitas.

Depois fui para Nashville, que é completamente diferente. Eu não gostava da discriminação racial, sentia no ar o cheiro, a violência. Eles chamavam os negros de *dogs*.

S Como médico, você começou fazendo o quê?

B Plantão de clínica geral. Ficava no internato e fiz logo amizade com os chefes. Eu falava bem inglês, o que não acontecia com a maioria dos estrangeiros residentes, e isso facilitou o contato. Além disso, tinha um bom preparo, um bom treino de clínica, e já havia dado aulas na faculdade.

Tudo o que fazia parte da clínica para mim era gostoso de trabalhar. Uma coisa de que eu gostava era pediatria. Mas o nível do hospital me deixava insatisfeito, eu achava o meio argentino francamente melhor do que aquele. Pensava: o que vim fazer aqui? Vim principalmente para crescer pessoalmente, mais que para aprender medicina. Então... tudo bem, sem problemas, continuo. Mas não ficava de bem com a vida.

Passei então para o serviço de pediatria. Uma noite, eu me encontrava namorando uma enfermeira muito bonita, aliás, que estava de plantão, e explodiram as bombas, a violência. Os vidros do hospital começaram a estourar. Nunca vou me esquecer daquilo. Trouxeram uma menina queimada, chamada Deborah, uma criancinha de oito meses. Eu pedia: "Temos que chamar o plantão de cirurgia". A maior parte do corpo dela estava queimada, mas não havia um lugar especial para colocar as vítimas desse tipo de acidente. Disse: "Mas na Argentina temos, e aqui?". Eu pegava a menina assim (com os dedos)... Porque, se você pega a menina, ela perde o soro pelo contato e morre. Você tem que pegar praticamente com os dedos, e aquela enfermeira, nova como eu, também pegava com a ponta dos dedos para não comprometer. Desesperado com a garota, chamei o médico e disse: "Por favor, eu sou interno e estou fazendo aquilo que é possível, passei soro na menina, já está tudo bem, mas não há lugar onde colocá-la, não podemos apoiá-la". "Deixe ela", dizia o médico. "Deixe ela em cima da cama." "Como vou deixá-la em cima da cama? Ela morre."

Passamos a noite inteira cuidando da menina e nunca vou me esquecer da carinha daquela garotinha, nunca. Chorava, chorava muito. Linda. Mas ela morreu no dia seguinte. Na mesma semana reclamei de tudo isso.

S Você ficou muito indignado?

B Estava realmente furioso, era uma sensação de falta de sentido, de estar desaprendendo e em condições mais precárias do que em meu próprio país. Decidi não ficar mais. Nessa mesma semana o pessoal do hospital se movimentou colocando livros e fazendo programas de estudos e uma série de atividades novas. Fiquei surpreso e pensei: "Tem uma transformação aqui, pode ser que mudem as condições". Depois soube que haveria uma inspeção da AMA (American Medical Association), e que iam apresentar todo um cenário para que fosse aprovada a residência do hospital. Criaram falsos cursos e uma estrutura que não existia e seria desmontada logo em seguida, depois da inspeção.

Procurei o diretor do hospital, disse que iria embora, pois não era o que eu estava esperando. O diretor ameaçou me denunciar ao Departamento de Imigração dos Estados Unidos. Respondi que não tinha problema nenhum, mas eu também faria minha própria denúncia à AMA, contaria o que aconteceu com Deborah, sobre a deficiência do hospital etc. Finalmente chegamos a um acordo, assinei um papel com a minha demissão e ele aceitou. Logo em seguida eu estava totalmente na rua porque não tinha muitas opções. E nesse momento decidi trabalhar num hospital psiquiátrico.

S Ainda em Nashville?

B Esse foi em Bolivar, Tennessee, perto de Memphis, numa pequena cidade. Era um manicômio típico, mas bem organizado, construído dentro dos padrões da época. Era um daqueles lugares meio tétricos, mas com uma coisa muito mais digna do que aqui, não chega nem perto, primeiro porque é um hospital menor, do Estado. Talvez fosse o tratamento dado aos pacientes que era digno, embora dentro daqueles padrões.

No começo, eu sentia muito medo, mas aos poucos fui sendo muito bem aceito, principalmente pelo diretor. Comecei a me interessar, a estudar, desta vez mais, e sabia que não era bem isso, mas que por aí estava o início de um caminho. Fiz muita clínica naquela época, via pacientes, pois os métodos de tratamento eram biológicos.

S O que faziam com os pacientes?

B Medicação e eletrochoque. Eram as duas opções. E muitas vezes os eletrochoques eram punitivos. Fulano tinha se comportado mal, se dizia que estava numa agitação psicótica e se punia. Tratamento com choque, essa era a tônica do hospital. Daí convidei outros amigos argentinos para ir lá. Conquistei um lugar. Eu era benquisto, querido, respeitado. A gente começou a fazer um pequeno núcleo que se dava muito bem, especialmente três deles, que eram Haydée e Gregório Kort e Miguel Leibovitch, que continuam na psiquiatria.

Ponderei então que as experiências já haviam se esgotado, que não ia me dar mais. Não estava numa idade para repetições. Ganhei uma ampla visão clínica dos grandes quadros psiquiátricos e aí fiz um *application* para Boston, junto com Miguel Leibovitch. Os outros ficaram lá. Era uma residência muito melhor, e aí eu aprendi. Eles tinham cursos, seminários, onde fiz o seminário com Erikson, Salomon. Foi uma formação bem clara, psicanalítica, dentro ainda da psiquiatria clínica, mas com um enfoque psicanalítico.

S Erikson foi um contato importante para você?

B Antes de ter contato direto com ele, já sentia que era importante para mim. Mas nesse seminário da Filadélfia, talvez por falta de tempo, não posso dizer que tenha sido algo marcante. Era uma pessoa muito boa e eu aprendi. Comecei a crescer claramente. Fui residente, depois psiquiatra da equipe e já estava no caminho para uma afirmação maior quando em 1959 conheci Elena numa viagem para a Argentina.

S Era a primeira vez que você voltava para a Argentina?

B Primeira e única vez que voltei, depois de quase três anos. Fiquei cinco anos, no total. Essa viagem foi importante, por várias razões. Conheci o reitor da Universidade de Córdoba, o monsenhor Camargo, que se sentou perto de mim. O vôo durava vinte e quatro horas e acho que ele gostou do meu jeito e me ofereceu um trabalho, que era ensinar na Universidade de Córdoba, como professor de psicoterapia e de psicopatologia. Naquela época, era proibido entrar com qualquer coisa no país, a alfândega tirava tudo. Eu trazia um jogo de talheres de presente. Monsenhor Camargo colocou-o na batina, deu uma de contrabandista.

S Altamente cúmplice.

B Ah, totalmente. Uma pessoa superagradável, que deixa uma mensagem muito boa. Ele batizou meu filho Fabian. Cheguei ao aeroporto e lá estava Elena. Ela tinha me escrito umas cartas de brincadeira, estudava com Beatriz, minha irmã, e eu bati os olhos nela, tinha alguma coisa, e senti que estava... que começava a acontecer.

S Vocês nunca tinham se visto?

B Não. Eu morava em Bolivar, em Tennessee, e Elena em Bolívar, uma cidadezinha na província de Buenos Aires. Nessa recepção, estava presente toda a minha família. Naquela época, viagem era quase uma cerimônia, uma coisa muito importante.

Bom, ela estava aí, me lembro dela encostada na porta e rindo, uma das características principais de Elena, esse riso fácil, riso escandaloso, um ar meio aberto, disposta a olhar para as coisas de uma maneira positiva. E tinha alguma coisa que combinou muito claramente, acho que um pouco de “deslocamento” do incesto com minha irmã, sei lá quantas interpretações posso fazer do assunto, mas senti que era ela. Houve alguma sintonia desde o começo. De qualquer maneira, voltei para os Estados Unidos, estava namorando outra menina lá. Mas eu sabia que nos Estados Unidos não ia acontecer nada sério com nenhuma mulher. A gente continuou trocando cartas, com todos aqueles rituais dos namorados. Eu estava absolutamente certo de que queria casar com ela. Propus casarmos à distância, fazer uma cerimônia desse tipo, e ela viajar. Mas Elena queria cursar letras. Então aceitei voltar por uns tempos enquanto isso fosse proveitoso para mim, enquanto eu pudesse não perder contato, porque tinha uma posição muito boa nos Estados Unidos. Poderia ficar morando nos Estados Unidos, embora eu seja muito latino.

S O que quer dizer com isso?

B Tenho um jeito de ser em que fico mais próximo. O americano tem uma proximidade relativa, sua relação é mais superficial, mais rápida, menos intensa. Chega a um ponto em que fica difícil quebrar isso. Mas no primeiro contato que você tem como vizinho, ele vai lhe oferecer um bolo para que você se sinta à vontade, convida para jantar. Acontece um relacionamento, não uma amizade. De qualquer maneira, não era difícil conquistar as pessoas. Conhecia pessoas de muitos lugares e tinha vários amigos, além de uma boa vida profissional.

Resolvi aceitar o convite do monsenhor Camargo. Fui para Córdoba, comecei a dar minhas aulas, e atendia alguns pacientes. O dr. Vanni, que foi meu professor, me convidou para trabalhar em sua clínica. Meu tempo ficou totalmente preenchido. Comecei com o pé direito, imagino, e foi bom. Muitos dos pacientes daquela época até hoje me telefonam no dia do meu aniversário. Tenho excelentes lembranças.

S Quanto tempo você ficou namorando por carta?

B Dois anos. Seis meses depois da minha chegada, casamos. Começo a trabalhar. Córdoba. La Plata. Escolho Alberto Fontana como analista. Ele é ferozmente inteligente, uma pessoa que marcou e me ensinou muito, a quem agradeço tudo o que me fez. Me abriu um mundo importante. Para mim, estava claro que ele era um grande homem em seu pequeno reino e se sentia um verme fora disso. Era muito autoritário, mas de uma maneira cuidadosa. Tinha um gênio difícil, com uma voz de poder muito forte, dentro da clínica dele. E se você fazia parte do reino dele, tudo bem. Não, tudo bem não, mais do que isso! Era maleável e seus aliados tornavam-se pessoas privilegiadas em todos os sentidos.

Uma vez, fomos para a Europa, onde conheci Moreno. No congresso, houve um desentendimento. Creio que Fontana estava se sentindo mal porque não se dava bem com o inglês. De alguma maneira, o que acho agora é que a dependência se inverteu, porque eu falava muito bem. Imagino que eu possa ter sido um pouco arrogante quando traduzia, sei lá. É provável, pois eu era muito jovem. Estou fazendo uma especulação em cima da minha conduta naquela época. A filha, que estava muito entrosada com a gente, tinha entrado em atrito com ele. Tentei acalmá-lo e como era aniversário dele — 12 de setembro de 1964 — pedi a ela para comprar um presente para o pai. Pensei nisso porque é gostoso, é um sinal de carinho, quando uma pessoa pensa em você. Mas ele foi muito malcriado, jogou o presente da filha e o meu em cima da mesa. Até aí tudo bem. Mostrei-lhe que a filha e Elena estavam presentes e propus que conversássemos a sós. "Não dou sessão até chegar a Buenos Aires", disse ele. Fiquei muito indignado, respondi à altura, virei as costas e fui embora. Não quis vê-lo nunca mais. Achei que alguém assim, de quem estava me aproximando muito, me ajudando e iluminando em muitas coisas, de repente se revelou uma pessoa tão pequena. Depois de muitos anos, achei uma atitude sábia ter virado as costas.

Sei de gente que ficou presa naquele lugar com ele. Ele manipula o poder de tal forma que não permite o crescimento, a menos que você fique perto e totalmente fiel. Era o momento de terminar. Atualmente o que sinto por ele é gratidão.

S Ele está vivo?

B Está e trabalha em Buenos Aires. Tem uma escola muito respeitada e atacada, por ter trabalhado com ácido lisérgico. É um psicanalista, kleiniano, uma pessoa muito bem formada, membro da APA (Associação Psicanalítica Argentina). Experimentei também trabalhar com ácido lisérgico. Era uma coisa muito séria e foi uma pena que depois se criou um clima de escândalo. Parei de usar o ácido quando se transformou numa droga, do ponto de vista social, e começou a gerar dependentes. Até aquela época não era "droga", no sentido de vício. Era um coadjuvante da terapia, que você usava para abrir profundos níveis de consciência. Foram experiências impressionantes, tendo Fontana ao meu lado horas e horas a fio, analisando o conteúdo do que ia acontecendo. Para mim, foi de um valor só comparável ao psicodrama. A experiência lisérgica me abriu um mundo perceptual, onde é possível enxergar tudo isso que está mais contido, mais reprimido. Foram experiências ótimas, tanto individual quanto em grupo. Depois, quando as pessoas começaram a usar isso fora do contexto terapêutico, não quis mais saber de usá-lo. Renunciei antes que fosse proibido; não usei mais com meus pacientes, como fazia.

S Você estava pressentindo que a utilização do ácido lisérgico estava caminhando para isso?

B Já estava caminhando nessa direção, para essa linha meio de escândalo. Na Califórnia havia o *happening* com ácido, e já aí o método ficou contaminado. As pessoas buscavam uma viagem, mas não no sentido terapêutico. Não me interessava ficar em contato com esse mundo, não era meu objetivo de jeito nenhum. Nessa época começou a minha aproximação com o psicodrama. Conheci Moreno no congresso de Paris. Ele despertou curiosidade. Fiquei com a pulga atrás da orelha.

No grupo de Fontana estava Jaime Rojas Bermúdez e eu entrei em contato com o psicodrama que ele fazia, que era bonito, aberto. Além disso, tinha alguma coisa a ver com as experiências com ácido e poderia abrir outro espaço dramático, não com imagens dramáticas, mas com ação. Quando Bermúdez fez o congresso de 1969 em Buenos Aires, fui secretário científico. Lá, tive a oportunidade de fazer uma boa ligação com Moreno, graças ao meu inglês e, imagino, ao jeito não muito desagradável de lidar com as pessoas. Por exemplo, as autoridades queriam levar Moreno a navegar. Moreno odiava navegar. Então eu fazia a intermediação. Assim fomos criando um vínculo, especialmente com a mulher dele, Zerka. Nesse mesmo ano iniciei uma série de viagens para os Estados Unidos.

S Vocês tiveram oportunidade de conversar em Buenos Aires?

B Sim. Quando você começa a pegar a pessoa e já tem alguma coisa a mais para unir, fica mais fácil. Então em 1969 viajei com Elena, para os Estados Unidos, e comecei minha formação em Beacon, que terminou cinco anos depois. Ficava sempre o maior tempo possível, dois meses por vez, ou um pouco mais, de acordo com o dinheiro.

S Como iniciou sua trajetória de formação em psicodrama?

B Aconteceu um fato estranho na primeira vez. Foi em Nova York, num teatro aberto da Broadway, onde havia uma sessão diária, aberta, de psicodrama. Fui para esse local pensando que o trabalho que me interessava estava sendo realizado lá. Mas me enganei. Então entrei em contato com quem estava dirigindo naquele momento, que não me lembro quem era. Depois liguei para Beacon, para Moreno, e ele disse: "Venha já para cá, as sessões começaram hoje!". Peguei o trem e fui para Beacon. Ele me recebeu muito bem, com muito carinho. Fiz minha primeira aproximação com o mundo onde a gente ia viver, numa residência grande, um prédio muito amplo. Era um antigo hospital psiquiátrico, onde a rainha se chamava Queeny, Miss Queen, que tinha sido a enfermeira do hospital psiquiátrico, além de outras coisas. Como sempre, com Moreno.

S Ele era sedutor?

B Era terrível. Era mulherengo. Paquerador.

S Estou surpresa!

B Sim, para desgraça da Zerka, que tinha que estar sempre sofrendo uma certa humilhação. Ele já estava velho, mas falava que sexo poderia ser feito até com o pé. Ele nunca precisou esconder nada. O que era, era. Se você gostou, gostou. Se não gostou, não gostou, tanto faz.

S E você foi com Elena para Beacon?

B Moreno foi muito gentil com ela. Paquerou Elena, é claro, como costumava fazer, o que a deixou muito lisonjeada. Mas eu disse a ela para ficar no hotel, por via das dúvidas.

Fiz uma grande amizade com eles, especialmente com Zerka. Moreno já estava com menos energia e meio alheio, desligado, em vários sentidos. Zerka estava na plenitude, era uma grande psicodramatista; ainda é. Éramos amigos, irmãos, ela tinha um pouquinho de mãe, irmã mais velha, e ficamos muito próximos. Quando tive problemas, ela esteve sempre comigo, e vice-versa. Esse relacionamento permaneceu até a morte de Moreno, em 1974, quando a Zerka ligou para mim e eu viajei. Tinha estado lá em fevereiro e ele já não estava bem. Era visível que se apagava aos poucos. Cheguei no dia seguinte ao de sua morte.

Foi triste, mas era esperado. Para Zerka, começou um período de libertação realmente, foi uma grande perda para ela, mas também um grande alívio. Ele era tirano, e Zerka, apesar de não ter um braço, era a deusa Kali, quando se tratava de ser os braços de Moreno. "Pega tal livro, que eu quero responder àquilo que esse rapaz está me dizendo." "O livro está naquela estante, é o segundo à direita." Ele dirigia a casa inteira, o instituto inteiro, daquela grande poltrona onde se sentava. Movimentava-se pouco, nesse período final.

S O que significou Beacon para você?

B Beacon foi tão importante para mim como a primeira vez que fui aos Estados Unidos: me abriu um mundo. Descobri que podia brincar e ter outros pais que não eram os meus, e que as pessoas gostavam de mim, que era capaz de morar em qualquer lugar, me adaptar a qualquer cultura, com essa sensação de segurança, afirmação. Antes, Fontana tinha me mostrado o caminho para o mundo interno, me permitiu entrar em contato com coisas das quais nem suspeitava a existência. Inicia-se claramente o período em que adquiro o tipo de cosmovisão que tenho até hoje. A idéia do encontro, toda a minha visão teórica a partir dos vínculos. Acho que tudo isso foi caindo em mim como se eu estivesse esperando por alguma coisa parecida. Aquilo me iluminou de uma maneira harmônica, é o que eu gosto, e o que me faz bem, porque acredito nisso. Ele abriu isso para mim e fico eternamente grato.

Fico bravo quando as pessoas criticam Moreno, ou usam o psicodrama ignorando o criador. Me parece uma ingratidão, uma injustiça, apesar de achar também que faz parte do processo natural, com a cultura absorvendo tudo aquilo que é bom, sem se preocupar com o criador. Mas isso provoca uma perda muito grande, pois a visão teórica de Moreno, não só os instrumentos e as técnicas, é muito profunda, é muito rica. Faço o que posso para as pessoas conhecerem os livros dele.

S Como foi o processo de passagem e comprometimento?

B Gradual. Primeiro, saindo do divã e trabalhando com grupos. A temática grupal é mais indicada para começar com o psicodrama. É mais fácil com um jogo dramático porque, na mobilização, alguma coisa nessa linha vai crescendo e se desenvolvendo. Isso depois se aplica ao contato individual.

Eu já fazia psicodrama e ainda tinha divã. Depois troquei o divã pelo face-a-face. Já começava a perceber que o psicodrama também podia ser usado individualmente. Depois, comecei a trabalhar com casais. Foi um processo lento.

S E nessa época você continuava indo a Córdoba dar aula?

B Não, porque comecei a ser professor de psicologia na universidade, no Instituto Monsenhor Terrero de La Plata. Quando saí de Córdoba, os cordobenses começaram a viajar. Alunos e pacientes disseram: agora nós é que vamos viajar.

S Quem iniciou?

B Renée Elichiry, por exemplo. Naquela época ela era kinesiologista. Começou a fazer medicina depois, quando mudou para La Plata. Mas quem de alguma maneira iniciou toda uma etapa foi ela, que argumentou: "Estou num processo, para mim é importante continuar, então você não vem mais, agora vou eu". Simples, não é? Eu disse: "Tudo bem". E aí os pacientes começaram a viajar, uma vez por mês. Não só as pessoas de Córdoba, mas as de San Luís, do interior do país. Isso foi em 1965.

Muitas vezes procurei oferecer alguma alternativa, porque me parecia que as pessoas do interior estavam muito desamparadas, muito sozinhas nesse sentido. Depois, outras pessoas pediram que eu fizesse um programa de estudos e vinha gente do interior também. Isso acontece até hoje. Pessoas de Córdoba, do interior da província de Buenos Aires, do sul do país, há um monte de gente. Agora que mudei para Buenos Aires, os platenses vêm aqui também, e fazemos horas de terapia e horas de supervisão e de aprendizado.

S Pelo que você fala, dois acontecimentos — conhecer Moreno e saber das notícias de Bermúdez sobre o assunto — fizeram a sensibilização para o caminho do psicodrama. É isso?

B Sim.

S Até então sua formação era psicanalítica?

B Isso mesmo.

S E como se sentiu ao fazer essa síntese e essa mudança?

B Para mim foi natural, não me custou nada, pela maneira como foi se criando o espaço. Na psicanálise, sempre senti que era uma construção falsa o fato de falar para alguém que não te olha, num relacionamento em paralelo. Não era confortável, inclusive essa falta de participação do corpo, do movimento, da ação. Havia alguma coisa aí. Nunca fiquei à vontade naquela posição, embora estivesse fazendo sucesso. Tive muitos grupos antes do psicodrama. Foi como preencher uma necessidade de compreensão do ser humano, de uma perspectiva diferente. Você pode estar vendo muitas coisas hipermicroscópicas do homem, mas de alguma maneira está limitado a apenas uma possibilidade, um só caminho. Existiam outras, uma delas era o psicodrama. Mas a mudança não foi "em vez de"

Sempre fui muito sensível a falsas opções. Acho que o maniqueísmo do ser humano é impressionante. No mundo oriental, ocidental, no mundo de brancos e pretos, judeus e cristãos, criam-se falsas oposições. E sempre tentei ter uma visão mais abrangente. Por que não incluir? O micro e o macro são alternativas possíveis do mundo, não é que uma seja boa e a outra ruim. Por que não olhar ambas? Por que uma não se casa com a outra, em vez de brigar? Não é oposição.

Então isso foi fácil, veio naturalmente, com uma compreensão cada vez maior da teoria de Moreno, desenvolvendo a visão sociométrica do mundo. O mundo dos vínculos, que era bem parecido com a visão de Pichon Rivière, um psicanalista argentino que respeito muito. Pichon desenvolveu suas idéias sem nunca ter lido Moreno, apesar de se dizer fascinado por ele. Foi o que me confessou numa apresentação de Moreno em Buenos Aires, no congresso de 1969, quando notei a ligação das idéias entre os dois autores. Ele morreu pouco tempo depois.

S Quando já tinha toda uma produção...

B Sim, tinha. Mas era mais jovem que Moreno. Então fui crescendo, acho que fui tentando. Até hoje, tudo o que faço como formulação teórica é a partir do vínculo.

A psicologia objetal de Melanie Klein é fascinante e reveladora do ponto de vista psicodramático, porque é a representação interna do outro. Esse outro, do psicodrama, pode ser visto como complementar interno patológico, por exemplo. Há muitos pontos de contato. Então fui tentando conciliar aquilo que era possível, uma visão do homem mais ampla por ser mais abrangente: o homem a partir da realidade operativa, concreta, que é o vínculo. Ninguém está fora do vínculo. Nós dois, por exemplo, estamos aqui, num vínculo um com o outro, numa tarefa que é conversar.

O que fazemos é olhar através de uma determinada perspectiva, que se opõe a uma visão de assepsia terapêutica. Os relacionamentos humanos felizmente não são assépticos são vivos. Então, são duas pessoas que têm uma perspectiva, em que não existe esse silêncio do terapeuta psicanalítico. Esse silêncio fala muito... fala muito, e fala através dos pequenos gestos... A pessoa não é um doente, é uma pessoa que percebe, que sente, que tem capacidade de compreender esse outro, assim como de ser compreendida. O importante é que esse outro, o terapeuta, seja explícito, claro, numa plenitude de sua subjetividade mais autêntica. E que admite projeção, faz parte do processo terapêutico, mas a partir do não fingimento de falsas e impossíveis objetividades em termos de relacionamentos humanos. Toda a formulação é perspectivista. E tudo o que se faz entre um vínculo e no vínculo envolve duas pessoas, não uma que formula e outra que só interpreta e traduz aquilo que o outro formula. Traduzir é produzir, porque faz um recorte. Eu olho você como um recorte que faço da Suzana, eu não vejo a Suzana total, não sei o que é isso.

Sei que você é aquela, e você não vê a totalidade em mim. Alguém está vendo um outro aspecto, me enxerga de outra forma, porque é aquilo que domina. Acho que essa possibilidade de o vínculo ser uma plataforma da qual você opera cria uma sensação de realidade. Acaba de sair daqui um psicanalista que foi tratado durante muito tempo. Está cheio de "compreensões" de si mesmo, de teorias de si mesmo. Faz um tempo que está se formando em psicodrama e dizia hoje que sente estar mudando. Antes, ele sentia que era uma idéia, e que tudo o que não fosse a idéia de si não tinha sentido. Ele era igual à idéia de si e isso é uma representação, representação que é uma apresentação. Atualmente ele diz: "Meus pensamentos têm corpo. Agora, os sentimentos têm palavras, pensamentos. Estou enxergando a realidade com meus próprios olhos, e não a idéia que eu deveria ter tido". Para mim, é muito válido esse tipo de crescimento, do ser humano completo. Ele vem a partir de uma visão de terapia do homem, do vínculo. Isso é Moreno puro.

S Falando em mudanças...

B A grande mudança foi, metaforicamente, a queda do muro de Berlim, quando o Ocidente e o Oriente começaram a se olhar. Vi o pânico do comunismo nos Estados Unidos. Na Rússia os maus eram capitalistas. Da mesma maneira, o pensamento cristão tem a ver sempre com o diabo, sempre com o diabo, oposto e inimigo de Deus. Isso confirma o maniqueísmo, porque o diabo é o princípio da criatividade. É aquele que procura uma nova saída com uma alteração da ordem.

A possibilidade de crescimento está na integração das forças e na proposta de alguém olhar com os dois lados. A tendência tradicional é escolher um dos opostos e apontar o que é considerado o melhor. Essa atitude de oposição gera um mundo dividido e propostas que confirmam a divisão. A psicanálise é uma proposta maniqueísta porque cuida apenas da mente. E o corpo, onde está? Deita, pensa, fala. Atrás há o demônio que começa a falar mais alto. O corpo, o demônio corporal. Reich se inclui no maniqueísmo, ao privilegiar o corpo. Ele paga o preço de ser chamado de louco, assim como Freud. No começo, imagine alguém falar que existia o inconsciente! O que era isso? Existia toda a ordem estabelecida, a psiquiatria manicomial: Kraepelin. Freud era superameaçador para essa estrutura.

Moreno começa também de alguma maneira como *Ação versus...*, o *versus* está aí: oposição. Ele faz uma oposição a Freud. Acho que a oposição foi uma das coisas fundamentais para ele criar. Mas toda criação baseada na oposição leva consigo, dentro de si, o oposto. Era preciso uma integração das duas vertentes porque o homem é mente e corpo. Esse é o tema de meu segundo livro, "Ação *mais* palavras". Não é "Ação *versus* palavra". Ação integrada. Ação que abre o mundo para o mundo verbal, para o mundo simbólico que não nega, pois, caso contrário, fica no primitivismo. O homem não primitivo que chega mais longe, através da simbolização. Ele precisa ascender a esse mundo que permite sair do imediato. Essa mudança do paradigma está acontecendo agora, com o desaparecimento das falsas opções, dos muros. O que é o capitalismo se não há o comunismo como opositor? Precisa de uma redefinição crítica que possa incluir o que era projetado no comunismo.

Como é a identidade se não existe um opositor claro, que não tem um referente oposto para poder se estruturar? Como vai ser essa nova estrutura sem oposição? É bem provável que agora seja a era do socialismo. A verdadeira. Do socialismo, não do comunismo. Socialismo, sem confundir com o utilizado, ditatorial, absolutamente desprezível com a opressão absoluta.

S Mas vamos voltar. Eu queria clarear mais o que você estava dizendo de Moreno enquanto vanguarda, como criador do psicodrama, dessa mudança de paradigma. O que você usou como *Versus*?

B Moreno cria sempre na ação, de fato, todas essas novas alternativas. Ele inaugura um mundo de alternativas. A psicoterapia não tinha nenhuma alternativa até a chegada de Moreno. Estamos falando em 1920, 1925. Portanto, está criando em *Versus*. Tanto assim que ele formula seu pensamento, muitos conceitos, com o mesmo nome dos já existentes, só que com conteúdo diferente. Uma coisa meio caótica. Porque estava em oposição.

Por que, por exemplo, ele usa o termo transferência? Não poderia ser usada uma palavra nova? Refere-se a um processo que ele descreve de maneira vincular, quando o outro é um conceito intrapsíquico. O mesmo acontece com o co-inconsciente. Há muitíssimas conceitualizações feitas em oposição, mas que ao mesmo tempo contêm o outro. A produção escrita de Moreno está cheia de contradições e conceitos pouco claros. Os anos 40 e 50 contêm a grande produção de Moreno. Aí ele começa a viajar para ensinar. Fica muito empolgado em ensinar e pára de escrever. Existe aí muita divulgação da última etapa de Moreno, que é muito mais integradora e que vai criando uma base para uma conceituação integradora. Ele vai se aproximando dessa integração, que vai ser exatamente a mudança do paradigma a que estamos assistindo no final deste século.

S E que está muito mais inscrita numa memória verbal.

B Está muito mais numa cultura. Tive a sorte de estar perto dele, naquela época.

S E aí ele se apresentou com uma visão mais complementar, e não de oposição.

B Menos oposicionista. Ele aceitava falar, mas não era tanto só ação. Podia falar, podia ouvir, respeitava a transmissão verbal. Aceitava fazer discursos, palestras, o que era inédito para ele.

S Antes, ele ia direto para a ação, com o psicodrama?

B Ele queria ir. Mas era muito dramático, gesticulava, tinha muita ação, transmitia muito. Mas começava a aceitar mais essa possibilidade, quando noutra época tinha que reforçar a própria proposta; portanto, tinha que se conservar em oposição. Depois acho que ele vai lentamente chegando a uma integração. Às vezes, vejo alunos meus que estão num momento num pensar muito introspectivo, e lhes digo: "Façam uma análise". A análise não existe. Psicodrama não existe. Existem os analistas e psicodramatistas. Existem burros sendo psicodramatistas, existem burros sendo psicanalistas também. Pessoas que vão ter uma pessoa jogada no divã e enfiar um monte de teorias na cabeça do coitado. Este se submete porque, pelo menos, é uma alternativa.

Então tem gente que faz um monte de coisas e tudo bem — "Eu sou ótimo, me sinto importante, me sinto fortalecido por esse tipo de minhoca que me colocaram na cabeça porque minhoca é melhor que vazio". Certo? Existe isso. Existe também psicodramatista que tem uma violência, uma psicopatia, que faz de uma pessoa objeto da violência também. Psicodrama é uma abstração, uma intelectia; e psicanálise é outra intelectia. Então, por favor, escolha uma pessoa com bom senso, que tenha o mínimo de sabedoria e de possibilidade humana de compreensão. Pois existem pessoas que estão num momento bom para a reflexão analítica, que lhes possibilita uma indagação interna. Gente que pode estar muito sobreestimulada, por muitas coisas na vida. Chega esse momento, é bom, é indicado, vai poder lucrar. E acho que há muitas pessoas que só vão chegar a se compreender melhor e a crescer se fizerem uma abordagem psicodramática. Mas podem ter uma péssima experiência psicodramática, péssima. Tenho visto massacres em psicodrama, terapeuta que joga outra pessoa na ação, e dois minutos depois teoriza em cima dela, exatamente como teria feito num mau divã.

S Desse jeito, não é apenas fazer psicodrama ou psicanálise — com suas teorias e técnicas — o que legitima o exercício profissional.

B Isso é realmente um maniqueísmo. Permite acesso a um tipo de pensamento que tranqüiliza a gente, pois não precisa olhar uma pessoa, olha o preconceito, já está pronto. Não se perde tempo testando se é verdade ou não. Isso é fanatismo, dogmatismo, que fecha a cabeça, fecha o corpo, fecha a percepção, empobrece o ser humano.

S Nós estávamos num ponto, ainda há pouco, onde você contava como começou seu trabalho com psicodrama, a sistemática de Beacon com Moreno. Eu queria saber um pouco dos seus pares, nessa época. Quem o acompanhava, quem eram as pessoas com quem você partilhava na Argentina?

B Carlos Martínez Bouquet, Tato Pavlowski, Fidel Moccio, com quem tínhamos uma afinidade, um respeito recíproco, afeto, mas não uma proximidade maior. A pessoa com a qual estabeleço trocas é Monica Zuretti. Sempre fomos muito amigos, muito próximos. Ela é a única psicodramatista argentina formada em Beacon, além de mim, e da mesma época.

S Era uma pessoa que você podia ter ao lado.

B Também, mas com toda rivalidade... Monica e eu rivalizávamos, naquela época, de uma maneira que nos aproximava, apesar de ser difícil estabelecer a troca. Necessitávamos muito um do outro, começávamos a fazer alguma coisa juntos e terminávamos rivalizando. É assim mesmo, não é? Depois ríamos porque realmente... Depois de certo momento nos enrolávamos numa coisa meio improdutiva e não tinha jeito de evitar. Mas, quando ela precisou de mim, eu estava próximo, quando precisei, ela também.

Ela tem uma grande capacidade, que eu não tenho, de fazer política internacional institucional. Internacionalmente, tenho grandes amigos, mas sinto um tédio total, me perco, não sei o que fazer, não conheço o código, não me interessa. Monica maneja tudo isso de forma excelente, tem uma postura muito agradável. Nos complementamos e trocamos idéias e às vezes pergunto a ela como proceder em determinadas situações.

S É quando você começa a ir a Beacon, fazer sua formação, que Moreno cancela o registro de Bermúdez?

B Não, Rojas Bermúdez tinha tido um tempo de formação em Beacon. Então, como era um homem muito criativo e inteligente, criou um sistema paradramático que seria Rojas-Drama, ou Bermúdez-Drama, como era chamado. Mas não era psicodrama, era outra coisa, outra proposta. Aquela famosa teoria do Núcleo do Eu, que não tem nada a ver com Moreno. Mas Moreno precisava de alguém que o representasse na América Latina. Foi uma necessidade dele, mas acredito que prejudicou muito o movimento psicodramático. Acho que foi o psicodramatista Juan Pundik que ligou para Moreno, dizendo o que estava acontecendo em São Paulo. Foi depois daquele maldito congresso do MASP em São Paulo, em 1970, que Moreno tirou o diploma de diretor de psicodrama das mãos dele. Rojas era o presidente do congresso e professor de todos os psicodramatistas brasileiros que participaram.

Esse congresso sintetizou tudo o que o psicodrama tem de ruim e distorcido. Por exemplo, os organizadores convidaram pessoas para ler trabalhos escritos batizados de "relatórios oficiais". Fui convidado para isso e levei meu trabalho. O público preferiu, logicamente, as vivências, o lado prático, e poucos iam assistir aos relatórios. Mas iam. Só que no segundo dia a comissão simplesmente decidiu desmarcar todos os trabalhos. Fomos informados de que não haveria mais relatórios. Me senti desconsiderado e quis ir embora. Outros também — Anne Ancelin achou uma falta total de consideração. Isso foi só uma amostra do clima de *happening* do tal congresso, que feriu gravemente a imagem do psicodrama brasileiro.

Depois disso, ocorreram várias situações graves entre Rojas e os psicodramatistas que o acompanhavam. Eles acabaram movendo um processo criminal contra ele, por malversação. Tudo muito lamentável. Muitas pessoas ficaram profundamente machucadas. Acho que não vale a pena falar mais no assunto. Felizmente já é história passada.

S Por que você saiu de La Plata e veio para Buenos Aires?

B Eu era membro titular da Associación Argentina de Psicodrama e renunciei, pois o fato de trabalhar em La Plata me deixava um pouco distante. Na Argentina, tudo o que não acontece em Buenos Aires é como se não existisse. Os estrangeiros costumam confundir os portenhos com todos os argentinos. Mas não é a mesma coisa. Buenos Aires é o ponto de partida, do qual a Argentina se abre para o mundo. Só que Buenos Aires é apenas uma parte do país.

S Sim, mas se há alguém fazendo um bom trabalho em La Plata...

B Ah, sim, em La Plata, que está a 60 quilômetros de Buenos Aires, sempre fui benquisto e respeitado, mas não estava entrosado no meio e isso era natural. Assim, decidi me mudar, já que tinha um trabalho bem desenvolvido no exterior. Buenos Aires concentra grande parte do movimento psicológico do país. Nesta cidade existem grandes possibilidades, há muita gente interessada e coisas interessantes acontecendo. Está mais perto de tudo.

S Assim mesmo, foi possível fazer um trabalho importante em La Plata.

B Criei, em 1963, a Associação Platense de Psicoterapia. Comecei a dar os seminários lá e muita gente foi trabalhar comigo. Assim inicia minha etapa mais docente, um papel que adoro. Isso foi evoluindo e aos poucos fui ensinar grupos, fazer seminários de grupo, depois seminários de grupos de psicodrama.

S Foi nesse tempo, em La Plata, que começaram seus grupos autodirigidos?

B Sim. Eu já estava no fim da formação em Beacon. Acreditava intuitivamente no método, que já tinha sido usado em mim. Fazia comparações de como eu aprendi com ele, com as vivências para adquirir conhecimento, ou como tinha sido o aprendizado em seminários. Só que a dúvida era sobre minha capacidade de poder fazer. Porque é uma prova muito forte... você tem de estar prestes a ir para qualquer canto, a qualquer momento, com uma dimensão teórica. Era muito difícil de encarar. Mas isso era bom. E o povo brasileiro assimilou muito bem. Foi mais difícil na Argentina do que no Brasil. O povo argentino é mais formal, mais rígido a respeito das normas, e quando quebra as normas, quebra e tchau.

S Supervisão é supervisão. Terapia é terapia.

B Terapia é terapia. A tradição era forte. Como é possível mostrar os sentimentos numa fase de aprendizagem?

S Expor-se, na supervisão, a nível pessoal, é encarado como uma coisa muito complicada.

B Isso mesmo. Há uma cultura psicanalítica muito forte. No Brasil, é mais frouxa, não é tão formal, dogmática, admite alternativas.

S E, nessa cultura psicanalítica, que regra estava embutida, e o que dificultava?

B Você *sente* na terapia. Você *pensa* na aprendizagem. Na aprendizagem não se sente. Claro que é uma caricatura, mas é mais ou menos isso.

S Mas isso é muito comum. Fui convidada a assistir a um trabalho de orientação analítica e a pessoa que estava apresentando o seminário dizia: "A gente está processando este caso dessa forma; agora, para o paciente, por favor, é diferente". E isso foi repetido umas quinze a vinte vezes e me chamou a atenção. A pessoa não tinha nome. Nem era pessoa, era o "paciente". E nem era o "paciente", era o "neurótico".

B Fui assim durante muito tempo. Me formei em hospital, dentro de uma psiquiatria clínica e daí para um enfoque psicanalítico, nos Estados Unidos. Depois voltei à Argentina e continuava com o enfoque psicanalítico. Continuava como aquele menino que não podia brincar, que ajudava a pessoa a atravessar a rua. E eu era um psicanalista de sucesso, que não tinha uma hora livre, quando comecei a fazer psicodrama. Meu jeito transmitia uma capacidade reparatória, permitia sentar e pensar e estar com outro, ajudar alguém a cicatrizar a sua e a minha própria ferida do cachorrinho morto. Quando eu ajudava alguém a atravessar a rua, era isso.

Em 1964 participei de um congresso em Londres, estava apresentando um trabalho, onde havia muita gente importante: Ana Freud estava lá, Erikson. Fui depois até Paris, onde Rojas Bermúdez me falou que Moreno estava num congresso. E quem é Moreno? Ah, ele faz psicodrama. Eu tinha ouvido falar no assunto. E fui vê-lo. Estava dirigindo uma dramatização de casal com Anne Ancelin Schützemberger. Fiquei entre assustado e intrigado vendo seu desempenho.

Bermúdez era meu companheiro de grupo de psicoterapia, em Buenos Aires, no qual o terapeuta era Fontana. Ele me convidou para assistir a um trabalho seu, de psicodrama, no qual os egos auxiliares eram Eduardo Pavlowski, Fidel Moccio, e Carlos Martínez Bouquet. Rojas era mesmo uma pessoa que tinha muita formação psicanalítica, com idéias próprias, que ele foi desenvolvendo. Eu não gostava muito da maneira como ele fazia, mas ficou alguma coisa. Comecei a trabalhar em grupo de crianças, com Roberto Reynoso. Eu era o ego auxiliar, trabalhava um pouco e observava. Psicodrama com criança. Olhando agora, parece que era mais ludoterapia de ação do que psicodrama.

S Isso foi feito em paralelo com o seu consultório de psicanalista?

B Sim. Em 1969, Bermúdez traz Moreno a Buenos Aires para um congresso de psicodrama. E eu faço parte da comissão científica. Fiquei muito impressionado e disse: esse homem é um gênio. Não sei se é louco ou um gênio, mas também não faz diferença nenhuma, quero estudar com ele. Fui nesse mesmo ano para Beacon. Lá aprendi sobre a vida, a postura a respeito da espontaneidade, do que é o homem de verdade, o que é um relacionamento eu-tu, de como você faz e, a partir disso, desenvolve uma intervenção terapêutica. O que aprendi foi muito mais do que a técnica, que, aliás, também foi importante. Mudou minha vida, de cima a baixo. Moreno e Zerka mudaram minha vida fundamentalmente.

A partir de 1969, freqüentei Beacon durante anos, até que ele morreu. Já tinha me formado, mas continuava indo. Me importava pouco se já tinha certificado ou não. Para mim era importante, porque me alimentava de vida com o grupo de Beacon (que foi o modelo de grupo autodirigido), de aprender vivendo e viver aprendendo. Essa é a filosofia básica. Então tentei criar aqui um modelo semelhante, mas enfrentei uma certa rigidez, que agora não é tão grande. As pessoas vêm, já sabem que vêm aprender comigo, a parte de trabalhar as coisas pessoais, vivências, e daí chegar a um aprofundamento das teorias, das técnicas a partir desse modelo. Em Beacon, vi que realmente aprendia, crescia, não sabia quando estava aprendendo e quando estava crescendo. Isso foi muito bom e não queria deixar de dar às pessoas a oportunidade de fazer a mesma coisa.

S Lá em Beacon as pessoas, terapeutas em geral, conviviam durante um tempo. Moreno participava dos momentos de lazer?

B Às vezes. A casa de Moreno ficava a cinqüenta metros. Tínhamos uma sessão de manhã, às dez horas, e outra à tarde, no teatro. Às vezes, Moreno podia ir até o teatro; outras, não. Então a gente ia para lá. Depois todo mundo se juntava. Muitas vezes ele se cansava, era a velhice chegando. Mas nunca falava da velhice, da morte, pelo menos com a gente. Era um homem vibrante, divertido, intenso, espontâneo, totalmente autoritário.

S Muito vaidoso?

B Egocêntrico, não é a mesma coisa. E também ciente de que já estava se transformando num mito e os mitos não têm corpo. Ele se sentia mais admirado do que querido. Acho que a única pessoa por quem ele se interessava em ser muito querido e forte era pela Zerka. Ele a tiranizava muito, muito. Para ele, Zerka sempre foi um ego auxiliar e, como toda musa, tinha que ser controlada constantemente.

Era uma pessoa difícil, mas foi um gênio. Eu percebia uma qualidade genial. Na primeira vez que fui com Elena, ele olhou para mim (e eu ainda estava praticamente mediando a situação criada por Bermúdez e ele) e disse: "Você é um bom diplomata. Você tenta compatibilizar com o incompatível". Respondi que não tinha certeza se era incompatível. "Vamos ver", disse ele. "Talvez valha a pena." Mas ele continuou me chamando de embaixador.

S Ele já estava desiludido.

B Já. Estava de volta — nessa etapa da vida, quando se está de volta em muita coisa, não existem condições de seguir um outro caminho. É muito difícil. Especialmente para quem sempre estava indo.

Com Zerka, a relação ia crescendo. Jogávamos muito. Passeávamos pelos jardins de Beacon. No teatro, entre a casa e o teatro, com aqueles morangos silvestres se esparramando pelo jardim...

S Tenho a sensação de que você fala de Zerka como alguém amorosa, que tem grandes braços para abraçar. Não sinto isso nas suas referências a Moreno. Parece que sua ligação com ela foi forte.

B É verdade. Desde o começo tive uma grande admiração e carinho por ela. Era uma presença mais constante, mais forte. Moreno estava mais voltado para si mesmo. Nos últimos anos de sua vida, a possibilidade de encontros profundos com pessoas tinha quase se esgotado. Um dado que prova isso: nos últimos meses de sua vida, parou de falar inglês e só falava alemão, e com Zerka. O resto não existia.

Quando comecei a clinicar, li um livro de Alvin Toffler (*A Terceira Onda*) que falava das fronteiras, dos conceitos de nacionalismo, que estão mudando. Tem sentido, porque conheço pessoas de quem gosto muito, a quem quero muito bem, com quem tenho uma afinidade muito grande, mas que não se restringe nem a idioma nem a lugar. Uma sensação de transcender certa rigidez de fronteira de idioma, de país, de distância, e que permite dizer: com aquela pessoa me sinto bem, por isso eu vibro. O idioma vai sair, vai aparecer como resultado.

S Quando as fronteiras se fecham, o quadro se inverte e as pessoas se afastam. Podemos falar sobre isso, que é uma outra vertente de sua vida, a época da ditadura.

B Sim, entramos na época da ditadura. Terrível, o reino do medo. Começo a sentir medo de ter grupos, muitos dos pacientes são mortos pela repressão, pelos militares. Entro para um partido de esquerda. Foi em 1969, 1970.

S Até 1969 você fazia seu trabalho em La Plata, sempre que possível ia a Beacon, retornava, e tinha pacientes e alunos. Aí inicia-se um período "mais duro".

B Foi o começo de uma época que desembarcou na ditadura militar, na grande tragédia argentina e familiar. Foi também o começo de muita ilusão, de muita força.

S Ilusão?

B Ah, sim. Falo de ilusão porque era uma época na qual o social, a sensação de comunidade começa a aparecer muito forte, o compromisso comunitário, a participação política do povo argentino, especialmente da classe média, que estava muito menos conscientizada. Começa um período de efervescência, de participação. Eu, pessoalmente, me sentia muito ingênuo politicamente. Começamos a formar grupos de discussão política, de marxismo, de socialismo. Houve uma época de militância mais completa. Depois daquelas longas conversas, discussões, palestras, inicia-se um período no qual começo a militar em favelas, simplesmente ajudando na alfabetização. Acho que era um aprendizado para mim mesmo. Era entrar em contato com uma realidade, botar a mão na massa, no sofrimento do povo, e ajudar a procurar uma possibilidade de solução disso. Isso tudo se encaminha para a volta de Perón. Disse que tinha sido antiperonista ferrenho, mas virei militante da Juventude Peronista.

Evidentemente, entre a figura socialista que a gente idealizava, porque ele falava do povo, e os métodos absolutamente fascistas, em muitos sentidos, que ele usava existia uma grande contradição. Perón era fascista, para mim, é claro. E representou uma etapa de conscientização na história argentina. Quando se está nesse período de ilusão, de alguma maneira a gente vê aquilo que quer ver. Então se idealizavam figuras. Quanta racionalização fiz naquela época, para justificar um monte de coisas! Agora, olhando para trás, fica impossível pensar como a gente ficou se convencendo do quanto queria ver nele um líder. Ele, por exemplo, usou os *montoneros* como o respaldo da volta, e os *montoneros* usaram Perón como figura de liderança política, carisma e tudo o mais. E esse uso recíproco deu no que deu...

Com a morte de Perón, Isabel entra no governo e começa o princípio do fim. A participação política passa a ser nesse momento uma questão de mais compromisso, onde estava-se começando a ver a violência como meio. E nunca aceitei isso. Dei um passo atrás na hora que começou a violência. Amigos meus disseram que tinha chegado o momento de aprender a usar armas. Mas eu disse: "Eu não uso e não vou usar nunca, estas não são minhas armas".

Não nasci para isso, não tenho jeito, não acredito que possa se chegar a lugar nenhum matando. E nem sequer com a justificativa da defesa: acho que assim não se defende. O método que se escolhe contamina muito o objetivo final. Imagino que deva ter feito parte também o medo, mas o medo não é idiota. Eu não queria essa proposta violenta.

Nessa época também me ofereceram a direção de um hospital psiquiátrico. Fiz um planejamento na província de Buenos Aires, mas o quadro fica complicado com a entrada de um governador peronista, com uma visão de esquerda socialista bem acentuada. Antes de o governador assumir, e atrás dele eu ia como diretor, houve o golpe. Começa o período de repressão, das guerrilhas, com os grupos fazendo uma coisa perigosa. Os militares reprimem. Nós todos estávamos sob suspeita de sermos "comunistas", como eles falavam. Todo mundo que era acusado de comunista estava, portanto, em perigo. Muita gente jovem participava, muitos amigos, colegas. Tato Pavlowski tem que fugir do país, por exemplo. Outros, Fernando Ulloa, tantos outros. Foi realmente um período negro do país.

Esta época culmina em 1977, com uma tragédia. Eu já tinha começado a viajar para o Brasil, onde estava quando aconteceu. Eu era avalista da casa onde morava meu sobrinho Pablo, filho de Jorge, meu irmão mais velho. Ele era psicodramatista e ia se formar médico, e sua mulher, psicóloga, estava grávida. Pablo estava militando também, mas a gente não queria saber muitos detalhes. Ele também não se abria muito, pois estava comprometido com a informação. Até hoje não sei qual era o nível de compromisso dele, mas era um rapaz incrível, forte, inteligente, vivo. Aí eu viajo no mês de outubro, para São Paulo, e estava dirigindo uma sessão no grupo da Pio XII, quando me telefonam dizendo que Pablo fora achado morto, junto com a mulher. Foram assassinados. Voltei para a Argentina. Aquele grupo me acompanhou de perto e foi até o aeroporto. Eu ainda não sabia o grau de sensação de horror, de medo, de pânico, de tristeza, de ódio contra aqueles que se sentiam com direito de tirar vidas justificando-se com a paz. Por que um país pacífico teria chegado a esse ponto? Não estou justificando a guerrilha, a guerrilha também matava, como eu disse, não aprovo a destruição, de jeito nenhum. Mas para mim os militares ficaram sempre como um sinônimo de destruição, de autoritarismo, falta de liberdade de expressão, falta de liberdade de tudo.

Aquela época foi muito negra. Não podíamos falar, pensar, tínhamos medo de pensar. Várias pessoas me advertiram que eu estava em perigo, que tinha de sair. Eu, obstinado, não queria sair. Preparei o terreno, comprando uma propriedade no Brasil, para onde pudesse ir, se acontecesse algo comigo. Mas decidi morar três meses em Mendoza, que é uma cidade pacata, tranqüila, para dar um tempo e ver se a efervescência depois do assassinato de Pablo diminuía. Porque o medo nos orienta, mas o pânico não nos permite ver se o inimigo é real ou não e qual é a dimensão do perigo. A gente confunde o de fora e o de dentro, e aí desaparece sua possibilidade de discriminar, de ter o medo como prevenção do perigo, um sinal. Aparecia uma sensação de que eu posso tanto fugir do lugar onde está o perigo como ir em busca dele. Não se têm parâmetros.

Ficamos três meses e nos acalmamos um pouco. Passou a sensação de pânico, de alarme. Fomos com as crianças. La Plata era um lugar de muita efervescência da guerrilha, a violência daquela época era enorme.

S La Plata era um foco da guerrilha?

B Totalmente, porque é uma cidade universitária. Havia muita coisa acontecendo. Eu atendia no consultório e precisava fechar as janelas. As balas deixaram marcas nas janelas. Havia uma sensação de incorporar a insegurança total, porque nunca se sabia quando ia aparecer o perigo. Quando alguém faltava à sessão, a gente ficava preocupado, imaginando mil coisas. Os pacientes militantes não falavam, lógico, era uma sensação muito caótica, terrível.

Sobreviver naquela época foi duro. Foi quando iniciei de verdade o primeiro Instituto de Psicodrama, em Mendoza. Fiz umas jornadas em

Mendoza e me disse: "Bom, esse é o início". Tranqüilo em relação à Associação Platense de Psicoterapia, comecei a pensar num ensino de psicodrama. Um amigo me disse que, quando passo a sensação de que estou totalmente para baixo, dou a volta por cima e saio com alguma coisa totalmente nova.

Escrevi uma novela, naquela época. Meu primeiro livro não foi sobre psicodrama. Se você ler o prólogo do primeiro livro de psicodrama, vai encontrar toda aquela efervescência política, bem como o medo. Aí aparece o primeiro Instituto de Psicodrama, e começo a viajar para Buenos Aires. Um dia por semana viajo para trabalhar em Buenos Aires também.

S Como era, nessa época, fazer trabalho em grupo?

B Terrível. O compromisso emocional passa a ser um compromisso onde a barreira entre o imaginário e o real está totalmente quebrada, o que dificulta operar. Mas era importante preservar aqueles espaços de saúde mental, não sei se de saúde mental, pelo menos de não-loucura. Que era importante para todos, para pacientes e para os terapeutas também. Então, diante de tanta destrutividade, de um poder onipotente dos militares, era necessário criar espaços de reflexão, onde se podia respirar.

O baque para minha família foi muito forte. Ficamos juntos. Acho que meu irmão nunca se recuperou da perda do filho, das circunstâncias trágicas da morte, da sensação de uma vida truncada de uma maneira absurda. Com o tempo, foi uma das fontes de maior reflexão, um contato com a realidade perversa e que, de alguma maneira, me fazia mudar. Mas não precisaria ser daquele jeito, porque, se a realidade era perversa, o método que se usou para lutar contra ela também o era. Isso era o resultado da junção de duas perversões em uma perversão muito maior. Aquele assunto dos desaparecidos, aquela coisa absurda, esse eufemismo "desaparecido", dez mil argentinos desaparecidos. As mães da Praça de Maio... Trabalhei com algumas, tentávamos nos recuperar a partir da ajuda aos que estavam comprometidos na tragédia.

Era uma sensação de solidão, porque qualquer um podia ser seu inimigo. Precisávamos lutar contra a paranóia, que de alguma maneira era o inimigo interno maior. Lutar para discriminar inimigos que tínhamos de verdade, os reais e os imaginários. Depois, Videla pretendia ser o novo salvador da pátria, personagem perverso, maligno. Todos aqueles massacres da famosa Junta Militar.

Enfim, a violência mais aguda passa e a gente começa a ficar mais calmo. Começo a colocar muita energia no meu trabalho no exterior. Fico mais tempo fora. Guardo feridas que nunca vão cicatrizar.

S E o que acontece no trabalho com grupos? Também aparece uma esperança maior, assim como em você?

B Logo depois da morte de Pablo, continuo trabalhando com grupos durante uns dois anos. Chega um ponto, quando a situação fica um pouquinho mais serena, que não agüento mais trabalhar com grupos terapêuticos. Era uma sobreexigência. Passei a trabalhar com terapia individual, e aí desenvolvi muito do trabalho individual com psicodrama. Continuei ensinando em grupo de formação, mas em grupo de terapia não agüentava, era demais. A dor era muito forte. Quando a dor do grupo se junta, pode gerar um espaço reparatório ou, de outro modo, multiplicador dessa dor. Não me sentia em condições de promover espaços reparatórios. Eu estava muito envolvido, muito atingido pessoalmente.

Nessa época, se não houve reparação das feridas, pelo menos teve um certo alívio... O medo deixava espaço para algumas atividades mais criativas, possibilidades de voltar a trabalhar junto com pessoas. Foi um período em que houve um grande cisma, vários amigos foram para o exterior, tínhamos muitos amigos e colegas, houve um desmembramento sociométrico brutal. Todo mundo se sentia sozinho, se isolava cada um dentro da casa...

S Você buscou alguma ajuda terapêutica, se sentiu apoiado?

B Eu viajava para Beacon, e meu espaço terapêutico estava longe. Zerka me ajudou muito, me deu um continente... um continente de elaboração, de trabalho, de possibilidades, de amizades. Mas aqui na Argentina era meio difícil.

S Encontrar alguém que pudesse fazer esse papel, é isso?

B Não era encontrar, era buscar. Porque nessa época, como eu disse, ou se era inimigo ou se era cúmplice. Se era cúmplice, não poderia ajudar em nada, a elaborar; e se era inimigo, você não ia se abrir. Então, não tinha jeito. Então viajava para Beacon de dois em dois meses.

S Era difícil encontrar alguém que tivesse distância para olhar o que acontecia?

B Isso mesmo! No consultório daquela época havia freqüentes momentos de doutrinamento político. Muitas vezes todos se detinham na visão política, na maneira de olhar política.

S Inteiramente inundados... O social inundou o privado.

B Inundou e não permitia uma distância com a qual se pudesse olhar as pessoas. Naquele momento se falava dos terapeutas como agentes de mudança. Mas agente de mudança significa fazer uma mudança numa direção, que o agente fixa como boa; portanto, a possibilidade de cada um encontrar seu caminho é pequena. E eu descubro, na época, como terapeuta, que ajudar cada um a encontrar as próprias respostas estava longe de ser possível. Digo para cada um encontrar as próprias respostas, não as do terapeuta. Um autoritarismo ideológico, em que se representaria o ideal social único possível, o maniqueísmo do qual a gente estava falando. Nós éramos os justos, donos da verdade, e os militares, os ruins (e são mesmo), os autoritários. Você nota que nossa própria visão também é sectária e dogmática.

S E os terapeutas também doutrinaram de alguma maneira?

B Sim. Sei que acontecia isso nos consultórios, inclusive no meu. Era um clima de exaltação emocional. O envolvimento dos terapeutas no contexto social não permitia a clara discriminação que seria ajudar aos pacientes para achar as próprias respostas. Em 1981, o clima fica menos tenso. Galtieri, um alcoólatra paranóico, era presidente. Fabian, meu filho mais velho, estava no serviço militar. No dia 2 de abril — eu me encontrava em São Paulo — estourou a Guerra das Malvinas.

S Você estava trabalhando? E estava de novo num grupo?

B Sim! Eu me levanto de manhã, estou tomando banho quando ouço no rádio que a Argentina invadiu as Malvinas. "O que é isso, que absurdo, o que estão dizendo?", me pergunto. Falavam "invadiu" ou "em recuperar", dependendo da ideologia dos jornalistas brasileiros. O perigo e o alarme bloquearam a possibilidade de avaliação política, porque meu filho estava fazendo serviço militar. Fiquei apreensivo, pois se ocorre alguma situação de guerra, o menino vai ser o primeiro a ir para o *front*.

S Você voltou em seguida?

B Senti que a situação era perigosa, uma situação de alarme. Pensava que nunca ia acontecer nada, que o alcoólatra do Galtieri não era capaz. Nós o chamávamos Bravo com Nada. Quer dizer alguém que dá uma de valente, só para impressionar. Esperava que chegassem num acordo! Mas com medo de que isso não acontecesse. Podia ser assim ou não.

Esse *ou não* é que me preocupava. E, quando a frota inglesa começou a se deslocar, Fabian foi mandado para as ilhas, no dia 14 de abril. Eu estava em casa, era Domingo de Páscoa. A gente o acompanhou e não havia jeito de ser forte. Não havia espaço para elaboração e estava explícita a definição social da psicopatia: quando a ação não tem um intermediador, o impulso passa para a ação sem reflexão. O poder legislativo não existia. A junta decidiu e, envolvidos na própria loucura, levaram o país para um novo desastre. Sem avaliar conseqüências. Foi impulso-ação. Só que meu filho estava no meio.

A sensação de depressão, de entrar num túnel, voltou. Quando eu estava mais envolvido, era muito mais fácil. Havia o antecedente da morte de Pablo, e agora Fabian envolvido nisso! Eu sabia que Fabian era muito esperto, e ele era, tanto assim que ele conseguiu. Ele sempre foi hábil para sair-se bem de situações complicadas. E estava certo que ia sobreviver.

S Ele já partiu assim, com essa disposição?

B Sim. Ele disse que é um tigre no horóscopo chinês, e que o tigre está sempre disposto a lutar pela vida. Mas sei que os tigres têm também elefantes que às vezes pisam neles, e para mim era um tigre que eu queria tentar proteger. Parei de trabalhar, não tinha mais energia para ouvir ninguém mais do que a mim mesmo. Inclusive meus pacientes estavam mais atentos ao que eu estava sentindo.

S Eles foram solidários?

B Ah, todo mundo. Foram absolutamente solidários. Houve uma ternura, uma necessidade de cuidar, tanto por parte do pessoal daqui quanto dos brasileiros. Nesse momento a categoria de terapeuta-paciente passou; por isso mesmo eu parei de atender. Éramos seres humanos numa situação que estava além de qualquer outro exercício num papel, e eu senti muita solidariedade. Mas, também, nessa situação disse: "O que eu faço aqui parado? Morro de depressão!". Estava superdeprimido, Elena também, os meninos em casa num clima de perigo, ouvindo o rádio, noticiários e tudo o mais... Terrível. Eu disse: Bom, em que eu acredito? Grupos! O que eu sei fazer? Grupos. E em que eu acredito também? Grupos e pares. Tudo o que eu tinha aprendido, psicodrama, militância política, tudo veio à tona, e decidi fazer um apelo para os outros pais, para nos reunirmos naquela época tão terrível.

Os pais responderam rapidamente. Começamos a nos reunir, primeiro num clube, depois numa escola. A imprensa se interessou pelo movimento. Começamos a trabalhar para nos mantermos juntos como continente afetivo, e ocupados em tarefas que podiam ajudar. É claro que não íamos ajudar a ação de guerra, íamos ajudar nossos filhos, que estavam numa guerra que eles não tinham pedido. Acho que isso foi um dos capítulos mais fortes. Escrevi um livro contando as experiências com os pais, na

Guerra das Malvinas. Trabalhávamos de manhã, de tarde, de noite, juntos, ajudando os pais que estavam no maior desespero, ajudando famílias que estavam mal, ajudando até a escrever cartas, mandar pacotes para as Malvinas — que depois os militares guardavam com a sabedoria tão própria dos nossos senhores, e que não chegavam às ilhas. Muito pouco daquilo que a gente mandava chegava às ilhas.

S E você ocupava o dia inteiro com isso?

B O dia inteiro. Estabelecemos uma organização, onde tínhamos especialistas de todos os campos, por exemplo, o de comunicação, que era o chefe de comunicação da YPF — Yascimentos Petrolíferos Fiscais. Tínhamos, assim, comunicações ao longo da costa argentina. Portanto, a gente sabia mais que os próprios militares, tínhamos informações às vezes antes deles.

S Vocês todos eram pais?

B Todos. Éramos setecentas pessoas, em certo momento, entre os pais.

A congregação de La Plata também se mobilizou. A grande maioria das divisões do exército que foram para o *front* era de lá. A cidade era uma espécie de centro nevrálgico.

No início, a gente se reunia duas vezes por semana, depois três, quatro, cinco, seis, sete. Não tínhamos um lugar fixo. Nossa comunicação com os militares era feita por um dos pais, que era advogado. O grupo resolvia as freqüentes situações de pânico de uma maneira positiva. Nunca houve um descontrole; sempre havia continência. Quer chorar? Chore! Quer gritar? Grite! Uma das táticas que estabeleci com o grupo desde o começo, até para protegê-lo, era de ser totalmente aberto. Nunca trabalhamos de porta fechada. Os militares querem entrar? Que entrem os militares. Os jornalistas querem entrar? Que entrem os jornalistas. Os jornalistas ficavam tão envolvidos que acabavam participando. O grupo estava sempre presente nas primeiras páginas dos jornais, com informações do que acontecia, pois tínhamos contato direto: as cartas dos meninos, telefonemas.

Fabian telefonou três vezes de lá, dizendo: estou bem. Havia uma linha só. Ele ficou num posto do correio, desde antes do início da guerra. Então ele podia mandar cartas e telefonar quando houvesse possibilidade. Essa posição lhe permitia telefonar durante horas. Fabian voltou. Foram mais ou menos três meses. O grupo durou mais tempo, mais de seis meses.

S Nesses três meses de movimento você deixou de viajar?

B Deixei. Parou tudo. Não tinha jeito, nem espaço. Foi absurdo. Nesse momento da vida...

S É difícil para quem está de fora poder entrar na complexidade de tudo isso. Acho importante você descrever esse contexto, com mais detalhes.

B Claro! Era estarmos juntos sabendo que a qualquer momento um de nossos filhos poderia estar morto. Ter que aprender a conviver com isso. Essa incerteza nos aproximava das mães da Praça de Maio. E era muito profunda a sensação de alarme, que não é pela sua própria vida, mas que é da sua própria vida também. É muito duro, muito difícil. Para mim não restava nem um pouco de energia para poder ouvir ou falar com alguém que não estivesse passando por aquilo.

S O conforto, o fato de estar acompanhado, ajudava?

B Ah, sim. E não sobrava nenhuma energia para atender os pacientes. Inclusive depois eles me contavam: "O que eu ia falar? Que briguei com meu marido?". Era absurdo, estúpido. Então ficava desqualificado um sofrimento que, por ser dele, paciente, era válido. Não tinha que ser comparado com o meu sofrimento. Era o alarme, a urgência da situação, que não permitia um trabalho terapêutico. Eu me permiti isso. Tinha um respaldo econômico, que eu mesmo construí para poder me sustentar enquanto não trabalhava. Isso vale a pena, saber que pode parar porque precisa.

Fabian e os meninos voltaram — e comecei a trabalhar com os soldadinhos. Os garotos que voltaram também começaram a ter seu próprio movimento, do grupo de ex-combatentes. Fabian estava com um nível de angústia muito alto, tinha pesadelos, estava muito irritado. Também não podia discriminar. Para eles, era o mundo dos adultos que tinha mandado todos para uma situação tão absurda, tão psicótica! Então ficava difícil; o mundo dos adultos estava contaminado. Havia também outra causa de tensão: aqueles que mataram, que tiveram que matar, e os que tiveram que enterrar os companheiros.

S Uma sensação de ser arrancado, de perder suas referências, um grande tumulto interno-externo.

B Sim. Nessa situação de imaturidade, de não-profissionalização, ainda existe a sensação de desproteção. Eles têm que passar também a transgredir a regra fundamental da civilização: "Não matarás". Num lapso de três meses, eles têm que passar de "Não matarás", a regra fundamental, para "Podes matar e deves matar". E daí a pouco, de novo: "Não matarás". Como se faz isso? Qual é a plasticidade, a maturidade de uma cabecinha que permite fazer essa pergunta sem deixar feridas? Houve quarenta suicídios. Muitos garotos tinham depressão por terem matado. E aqueles que não mataram tinham presa na garganta a necessidade de matar. Se você se aquece e se prepara para um ato, temido, e não completa o ato, fica congelado como uma figura de um filme que pára de repente. E, se o filme continua, tem que terminar o ato. É o princípio da catarse de integração em psicodrama.

Então elaborar, voltar ao "Mataria", "Teria matado", isso é comum. Além disso, há a total descrença no mundo dos adultos. E eles tinham toda a razão para ter essa descrença.

S Essa descrença, na verdade, já vinha dos anos anteriores, porque o sentimento de desproteção no mundo dos adultos já estava acontecendo. Não começa nesse momento, já está enraizado, está na matriz, quase social.

B Isso mesmo. Então, a família também tem que se adaptar, aprender, por exemplo, que os garotos tinham experiência que a gente não possuía. Em três meses precisavam passar de uma situação em que eram tratados como crianças, em que tinham que pedir licença, para um estágio em que era preciso permitir que fossem homens, com mais sofrimento do que a gente. Eles tinham experiência e precisávamos aprender com eles. É uma ferida interna e familiar, vincular familiar, muito forte...

Imagino que alguma coisa foi feita nesse sentido. E aí, aos poucos, a gente começa a sentir que nosso objetivo como grupo havia sido atingido. Uma das grandes sabedorias dos grupos humanos é saber quando começar e quando terminar. Essa experiência terminou mais ou menos em 1983, quando começa a democracia e se abre também um novo período para o país. Espero que ele seja definitivo quanto aos desaparecimentos.

Não posso dizer que minha ferida tenha sarado. Tenho profundo ressentimento, tenho raiva dos militares, tenho ódio deles. Acho que não servem para nada. A América Latina não precisa de militares, mas de pessoas comprometidas socialmente, que ajudem o povo a crescer. E certamente não vai ser com armas que vai crescer. Não vai ser com armas de fogo, vai ser com outros instrumentos.

Fiz parte do Grupo de Direitos Humanos, para lutar contra o serviço militar obrigatório. Acho a lei do serviço militar obrigatório na Argentina uma besteira. Crianças latino-americanas não precisam disso. Precisam de um espaço, e acho isso muito sério, um espaço para onde os garotos e garotas, quando fazem dezoito anos, tenham a possibilidade de entrar, uma espécie de ponte entre a família e a sociedade; precisam de uma participação ativa, um aprendizado em que possam ver a realidade do país no qual vivem. Mas não dos militares. Aprender, por exemplo, a justiça do país, aprender a ser cidadão, a exercer o papel de cidadão. Conhecer os problemas habitacionais, educacionais, de saúde, a partir de um serviço civil.

Os militares que vão para casa, se querem usar armas, que brinquem de guerra entre eles, numa ilha qualquer, e brinquem de se matar entre eles. Se é para isso que estão preparados, façam. Esse tipo de pensamento esbarra no pensamento mítico. Fala-se: "Não, mas as forças armadas de um país são necessárias para defender...". Defender quem? Você pensa que os militares defendem alguma coisa na Argentina? Se é preciso serviços de fronteira, de guardas profissionais, isso não é com os meninos! No fim, acabam aprendendo a odiar, aprendem um pensamento absolutamente ditatorial, onde impera a razão do poder, em vez do poder da razão.

Aprendem que quem manda tem razão e o outro tem que obedecer. É o pensamento automático. Sabe o tempo que custou para eles recuperarem o pensamento simbólico? E a possibilidade de elaboração? Porque se incorpora um tipo de pensamento automático: o outro mandou — tem que fazer.

As forças armadas de um país têm que defender fronteiras. É preciso um bom serviço de polícia. Seria uma irrealidade não pensar nisso. Serviço profissionalizado, bem pago, em vez de pagar todos esses parasitas para que não façam nada. Que alguém me responda: o que eles fazem todos os dias fechados aí dentro? Qual é a função deles? Nunca achei alguém que possa me dar uma resposta. Nunca. Militar é tão inútil... um bom militar é tão inútil quanto um mau militar. Só que o mau militar é perigoso, além de inútil.

S Mas, na verdade, a palavra que você usou, "profissional", dá uma outra dimensão. As pessoas entram no serviço militar muitas vezes por falta de perspectiva profissional.

B Entendo o caso de meninos de famílias pobres ou sem família, porque é a única maneira a ter acesso a um tipo de ambiente. Para eles é uma opção melhor diante da miséria. Mas então o problema é a miséria, que não necessariamente precisa ter *essa* resposta. Tem que ter *uma* resposta. Estou convicto de que isso é assim mesmo. Meu filho é um pacifista convicto, não quer matar uma mosca, foi morar em Córdoba, que é um lugar absolutamente silencioso, tranqüilo. Ele é um adorador da paz e não quer as tensões de uma sociedade competitiva. Acho que para ele luta ainda é guerra. Ele deseja não ter que lutar, porque ele entra num estado de comoção muito forte. Então escolheu um tipo de vida na serra de Córdoba, onde está em contato com a natureza. Trabalha com os florais de Bach. E está bem.

Mas ele se casou antes de ir para Córdoba. O casamento não durou muito tempo; eles se desquitaram. Minha neta, Florencia, nasceu em maio de 1985.

S E aí você começou a retomar todas as suas atividades?

B Logo depois da guerra comecei a viajar novamente, voltei ao meu ritmo habitual de trabalho.

S Nesse ano você foi a Beacon?

B Não, já tinha parado. Estive lá quando Moreno morreu, em 1974. Depois fui várias vezes porque sempre foi importante para mim trocar coisas com profissionais do mundo inteiro. Zerka casou-se de novo, com Merlyn Pitzele, uma pessoa muito querida para mim também. Ela começou a viajar muito mais. Já não era escrava de Beacon, até vendeu Beacon, o prédio. Deve ter sido em 1980.

S Após a volta de Fabian, você retoma também as viagens regulares ao Brasil?

B Sim. Começo a ir ao Brasil em 1970, num congresso. Os congressos são vitrines, para você mostrar se é bom mesmo. Se você faz isso honestamente, se mostra que é bom, aparecem convites. Há uma vitrine e você se mostra, é isso que faço, assim, assado, sem rodeios. Se tem enganação, morre na hora, porque depois ninguém mais compra. Se não tem, é muito bom.

Em 1970, no Congresso de Punta del Este eu já tinha grupos de formação em psicodrama, em Montevidéu. Lá estava Azair Vicente, uma pessoa que ainda é minha amiga e que me convida para uma palestra no Hospital das Clínicas. Também estava Cesarino, de quem gosto muito, meu amigo. Azair me convida em nome do hospital e Cesarino para a SOPSP. Ele era presidente da Sociedade de Psicodrama de São Paulo. Estavam no meio de uma das tantas crises institucionais. Os modelos de poder para os latino-americanos são tão ruins, que exercê-los é complicadíssimo.

S É verdade. E, aceitando todos esses convites, como foi o início?

B Lembro-me de uma sessão de supervisão, uma supersessão, onde havia o protagonista e uma porta. E ele dizia, na cena: "Eu posso fechar essa porta?". E eu respondia: "Vai!". "Posso?" "Vai!" Só que essa porta que se fechou para ele abriu uma minha... Tinha uma sensação de VAI EM FRENTE para ele e para mim. Essa porta que se fechou abriu a minha. Daí para a frente, de alguma maneira começou um capítulo novo na minha vida profissional.

Me convidaram para dois grupos. Um era da Pio XII, onde estavam Miguel Perez Navarro, Antônio Carlos Eva, Aníbal Mezhler, Vania Crelier, Ana Maria Abreu Costa, Vera, Nícia Crelier, Marcelo Campedelli, Vicente Araújo, Susi Negrão, Marisa Graeb, Nairo — ainda vejo muitos deles. No outro grupo, muito bom, estavam José Fonseca Filho, Antônio Carlos Cesarino, Vera K., Içami Tiba, Ronaldo Pamplona, muitas pessoas. Depois esses grupos foram se formando e eu comecei a viajar de três em três meses. Essa era a freqüência possível.

Depois, um terceiro grupo se formou, com Moisés Aguiar, José Carlos Landini, Maria de Jesus Albuquerque, Clara Morganti, doze pessoas. E me perguntava: como posso fazer para manter Buenos Aires? Naquela época, era mais terapeuta do que professor, em La Plata. Como não gosto de ficar só naquilo que é o mais estruturado e havia alguma coisa me incentivando, fui encontrando um jeito. Encontrei muita gente boa. Aí a gente se conheceu.

S Sim, foi nessa época. Conheci você num Congresso de Psiquiatria e Neurologia, em Curitiba.

B Claro. O nome do protagonista foi...

S Sérgio Perazzo.

B Meu queridíssimo Sérgio Perazzo. Foi uma grande prova de confiança. Profundíssima. Foi o começo de uma relação de muito respeito e carinho.

S Há interessantes aspectos no psicodrama. Aquele trabalho, não foi um processo, foi um ato.

B Um ato terapêutico... mas que foi fundo e abriu espaços. Acho que o valor desses atos terapêuticos ainda não foi devidamente avaliado. Tem um grande significado em termos de higiene mental.

CAPÍTULO III

COM O OLHAR E O PENSAMENTO DE AGORA

S Vamos agora conversar sobre outras coisas. Coisas de dia de aniversário. É um privilégio conversar justamente nesta data. Como é a história dos aniversários em sua vida?

B Foi sempre diferente, em diferentes etapas da minha vida. No começo, era uma coisa absolutamente especial. O dia do meu aniversário! Me dava impressão, quando era pequeno, de que todo mundo me olhava claramente, porque eu devia ter algum tipo de luz estranha em que eu ia me banhar e que todo mundo percebia. Claro que tinha todo o jeito meio mágico que minha mãe colocava nas coisas. Francamente, não sei se tinha dinheiro — costumava não ter —, mas havia alguma coisa especial. O especial podia ser também o café da manhã, que era levado na cama. Nesse dia acordava, não ia à escola, era um dia diferente. Eu era o rei do dia e ganhava muitos presentes.

Quando era possível, havia festa de aniversário, convidava os meus amiguinhos. No decorrer dos anos continuou assim, sempre havia festas, grandes festas. Acho que isso tem a ver com outro tema de hoje, mais ou menos na época da revolução na Argentina. Eu dava festas, mas durante muito tempo não houve nada para festejar na Argentina. A gente vivia em luto, e aí, inclusive, houve um clima em que clientes morriam, amigos se separavam; a vida foi muito dura nesse sentido. Outros desapareciam, ou mudavam de lugar, imigravam, se desquitavam diante de toda aquela tensão.

Mas continuou sendo um dia especial, com Elena fazendo alguma coisa mais simples, sem muita gente, mas sempre com presentes. Sou um grande presenteador e meus filhos também. Manteve-se esse ritual, essa coisa gostosa.

Em 1984 decidi fazer uma grande festa, no estilo antigo. Estava no meio da democracia, o país voltava a ter esperanças, tudo já estava mais ou menos calmo, com relação àquele furacão que passou pelo nosso mundo. Nessa época, um mês antes de meu aniversário, Fabian me anuncia que sua namorada está grávida. Então meu aquecimento já não ficou mais...

S Para a festa de aniversário...

B Para festa. Mas também foi uma coisa muito engraçada. Fabian estava com tudo aquilo da guerra, resgatando sua vida, tentando se organizar. Nesse dia ele começa a rondar em torno do escritório... Passava, fazia alguma coisa, entrava no escritório em que eu estava escrevendo, ele rondando, e pensei: "Hum, aqui tem alguma coisa". Então, ele entra e fala: "Pai" (Rindo...) Já começa a antecipação, não é?

E me diz: "Pai, acho que vou ter um... Patrícia e eu... não, acho que Patrícia está grávida". Bum! Calma, eu faço assim para mim...

S Você se toca forte, bate na perna...

B "Calma, fique tranqüilo", digo a mim mesmo. "O que é que vocês querem fazer? Pretendem continuar com a gravidez, ou não?"

"Queremos, queremos."

"Então o que vocês vão fazer: querem casar ou querem ter o filho sem casar?"

"Não, queremos casar."

"Então você veio me dizer que vai ser pai e quer casar? Quanto a isso então já está decidido? Para quando?"

Aí naufragaram os meus cinqüenta anos num papel de avô, olhando para ele, menino ainda, com vinte e dois anos.

"Bom, ela está grávida de quanto tempo?"

"Bom, de ontem."

"Como assim? Ontem foi o primeiro dia do atraso, ontem não veio a menstruação e você já pensa que ela está grávida?"

"Não, não, não. Foi ontem que ela engravidou."

"Como assim?" Comecei a... não estou entendendo nada, pois que onipotência terrível desse garoto, que pensa que todo chute é gol. Eu disse que tem goleiros, e que alguns chutes não chegam...

"Não, não, porque ontem fomos visitar um amigo que tem um filho e quando Patrícia pegou a filhinha no colo, eu disse: quero ter um filho dela, com ela. Aí a gente foi, fez tudo o que era necessário... e acho que ela vai engravidar porque estava em dia fértil.

Ele pediu para não contar para ninguém. Ficamos contando os dias, o primeiro dia de vir a menstruação, uma espécie de cumplicidade...

"Olha, filho, temos que aguardar... não vamos apressar nada agora, vamos ver se está grávida mesmo, se é assim, se vocês têm um relacionamento, se vocês querem levar à frente..."

Bom, isso são reflexões destinadas mais para mim, porque eles estavam convictos da gravidez e que iam se casar. E foi o que aconteceu. Então meu aniversário de cinqüenta anos foi uma pequena celebração com alguns amigos, e nunca mais voltei a fazer uma festa grande. Não tenho vontade. Gosto de reuniões íntimas com poucos amigos, em que possa conversar. Não essa conversa do tipo "Como vai, tudo bem?" "E você, foi operado?" "Não foi operado?". Conversa dessa idade é: qual foi o tipo de operação. Prefiro uma coisa mais gostosa, mais íntima. Se possível, com uma lareira.

O aniversário hoje é uma coisa mais íntima, mais tranqüila, mais gostosa. A vida vai transformando as coisas que você quer. Perdeu o significado mais especial. Talvez tenha se transformado, e para mim agora o especial é o aniversário dos outros. Faço questão que tenha comemoração, presentes. Compro presente com muito tempo de antecedência. Mas, para mim mesmo, não é uma ocasião de grande comemoração. Depois, minha mãe morreu em 1982. Na semana seguinte morreu meu sogro, uns seis meses depois de meu filho voltar das Malvinas. Acho que nenhum dos dois agüentou o baque. Morreram muitos soldados da época das Malvinas, pais e avós de soldados. Uma coisa até inédita numa guerra.

Eu tinha um ritual no aniversário de minha mãe: levava um buquê de violetas para ela e uma caixa de bombons, grande, que ela adorava. Isso era um agradecimento por ter me dado a vida. Com o tempo, foi perdendo aquela coisa mais mágica e a vontade de comemorar.

S Mas é uma sensação boa aniversariar?

B Não é boa nem ruim, eu diria que é um dia a mais, não faço questão de não trabalhar. Às vezes, me dou alguma coisa de presente, se tenho vontade de ter. Recebo presentes sempre, adoro isso.

S Quero aproveitar o dia de seu aniversário para brincar um pouco. Digo uma palavra, e você diz a que lhe ocorrer. Um pingue-pongue com você.

B Vamos lá, está bem.

S Vida.

B Amor.

S Ser humano.

B Complexo.

S Nascimento.

B Deus.

S Amizade.

B Difícil.

S Amor.

B Vida.

S Tempo.

B Inexorável.

S Espaço.

B Horizonte.

S Criança.

B Tem várias palavras, dá para dizer várias?

S Dá, não há regra rígida no jogo.

B Ah! Pensei que fosse só uma.

S Não, foi você que inventou. Eu não disse isso para você.

B Fascínio, maravilha, criatividade, encheção de saco, tudo isso.

S Acho que devia ter começado por essa. A grande mãe.

B A minha.

S Um velho sábio.

B Moreno.

S Um castelo.

B Um castelo? Minha imaginação.

S Animal.

B Cachorro.

S Um herói.

B Mahatama Gandhi.

S Árvore.

B Carvalho.

S Anima ou animus.

B Jung.

S A pedra.

B A pedra... água-marinha.

S A sombra.

B A morte.

S O centro.

B O centro? O amor.

S Se você fosse fazer uma biografia interior de sua vida, que cenas e palavras estariam inscritas mais de imediato?

B Palavras?

S Palavras e cenas. É. Qualquer uma das duas, não são opostas.

B Eu com minha avó, me escondendo debaixo da saia dela e fazendo arte com meus irmãos.

Depois, eu de férias com minha mãe.

Meu pai contando um conto infantil e sorrindo.

Depois, eu depressa, depressa, depressa, naquela adolescência, para chegar a algum lugar, correndo com os livros debaixo do braço.

Eu no hospital psiquiátrico nos Estados Unidos.
Eu conhecendo Elena.
Depois o nascimento do meu filho mais velho.
Depois eu na minha casa com muitos amigos, numa casa grande com muitos amigos, escrevendo meu primeiro livro, uma novela, eu estava deitado na cama, doente, com gripe... comecei a escrever meu primeiro livro.
Depois a repressão, a época da repressão.
Nascimento de meus filhos, dos outros filhos.
A morte de meu sobrinho, o assassinato de meu sobrinho.
Eu começando a viajar, com uma mala na mão, de mãos dadas com Elena, meus filhos crescendo, a Guerra das Malvinas, a morte da minha mãe e meu sogro — que era uma grande pessoa, uma pessoa muito importante na minha vida.
Eu me sentindo com consciência de ter crescido, de ter mudado mesmo.
Eu com Moreno.
Eu com Zerka, nos abraçando muito forte.
Eu com minhas irmãs.
Lindo! Minha neta.
A separação de meu filho.
Bom, é mais ou menos... não, o dia em que Javier se formou em medicina.
Eu voltando para morar em Buenos Aires.

S Nessa época você já começa a fazer outras viagens também?

B Foram surgindo convites bem devagar. No México trabalhei quando Fabian voltou das Malvinas, no fim de 1982. Queria levá-lo a algum lugar tranqüilo, e aceitei um contrato no México. Fiz um grupo de psicodrama lá, e depois viajamos, fomos às praias. Já tinha ido ao México anteriormente e havia um grupo de psicodramatistas muito bom, e me convidaram para voltar. Agora vou uma ou duas vezes por ano à Europa. A trabalho. Gosto disso. Gosto de ver culturas diferentes, de checar o conhecimento, as técnicas e as teorias de acordo com as diferentes visões da vida.

S Quais são os seus lugares de trabalho na Europa?

B Trabalhei na Itália, Espanha, Inglaterra, Suécia. Fui convidado para trabalhar na Suíça, Rússia, Finlândia, Noruega. Fazia *workshop*, palestras, psicodramas públicos. Quando ia à Noruega, me senti muito mal, depois de ter trabalhado na Suécia. Estava com um esgotamento muito grande, exaurido, e ainda tinha que trabalhar na Espanha. Aí Elena me disse: "Olhe, cancele a Noruega". Tenho uma dívida com os noruegueses por não poder aceitar o convite que eles me fizeram naquela ocasião.

S E como é a sua casa em São Paulo?

B É um lugar muito agradável, querido. Poderia dizer que é o meu cantinho. Não gosto especialmente da cidade de São Paulo. A cidade de São Paulo tem muitas coisas boas, atraentes, mas prefiro Buenos Aires, onde os altos preços são compensados de alguma maneira pela vantagem cultural. São Paulo tem toda a violência das grandes cidades e não oferece tanta cultura quanto eu gostaria. Há bons espetáculos teatrais, mas poucos, em relação ao que poderia oferecer. Mas há coisas bonitas, gosto de São Paulo também. É um lugar onde trabalho bem, sou respeitado, sou querido. Um lugar que me faz muito bem.

S Você se sente estrangeiro em São Paulo? Fica integrado?

B Me sinto parte. Mas uma parte diferenciada, pois não falo português correntemente como gostaria, tenho um sotaque muito carregado. Sinto que vibro com alguma coisa, me preocupo com a política, com as coisas que acontecem socialmente, me machucam as mesmas coisas que poderiam machucar um brasileiro no sentido da pobreza, da miséria, da falta de educação, de uma certa insensibilidade social a respeito disso. Fico dez dias por mês em São Paulo e me sinto parte da cidade, leio jornais com atenção, participo, falo, então faço. Muitas pessoas me procuram para aprender psicodrama, meus livros são muito lidos.

S Você sente que hoje tem pares em São Paulo?

B Pares... pares é uma palavra difícil. Se for em termos de experiência em psicodrama, acho que tenho mais, por ter sido terapeuta, ou professor. São várias categorias: ter sido terapeuta, ou professor, ou amigo, ou próximo e respeitado no ambiente psicodramático. Estou num lugar onde há um código diferente, no qual estou mais em termos de ensino do que de troca. Apesar de que, da forma como encaro o ensino, ele é uma troca — acho que deve ser realmente encarado desse modo. Nem sempre faço, mas respeito pelo menos. Se isso for ter pares, não tenho. Sinto como pares Monica Zuretti, Tato Pavloski, Marcia Karp, Ken Sprague, Cristina Hagelthorn etc. Porque são vínculos simétricos, amigos e colegas. Mas há outras pessoas que podem ter tanta experiência ou conhecimentos quanto eu, mas mantenho com eles vínculos assimétricos como professor-aluno ou paciente-terapeuta. Não são pares porque tenho com eles um vínculo que tem um código onde as responsabilidades são diferentes. Não são pares.

Agora, pares humanos, enquanto amigos, é outra história. Vários amigos que posso contar, conversar, falar, trocar coisas, sim. Do jeito que trabalho com grupos, há muita troca. Respeitamos diferentes papéis, nesses papéis sou escolhido como coordenador e, portanto, tenho uma responsabilidade diferente, seja como de professor/aluno. Mas isso não quer dizer que não haja uma troca profunda, respeitando uma diferença implícita no código.

S Como você faz seu lazer nesses dez dias brasileiros?

B Descanso bastante. Alguém já me disse que sou um lobo solitário, e de fato posso passar horas sozinho, escrevendo, por exemplo. É um grande prazer. Acontece que quando você fica em contato com a intimidade das pessoas, e a sua própria está em ebulição, você trabalha o tempo todo. Suas emoções, ouvindo, falando, elaborando conflitos, problemas... pelo menos comigo, nestes trinta e cinco anos que trabalho nesse campo, é assim. E ficar sozinho, ficar um pouco para mim mesmo, relaxar, ouvir os passarinhos, ou brincar um pouco com meu cachorro, é muito bom. Não é a solidão de lobo solitário.

Eu recuso muitos convites para festas porque já estou muito estimulado. Trabalho com grupos horas a fio, com pessoas fazendo barulho e falando, e trabalhando... Compareço com o maior prazer. Mas chega um ponto em que tenho vontade de me encontrar novamente, de ir a um cinema, a um teatro, ou jantar com uma ou duas pessoas. Então faço isso. Me convidam a jantares e festas e não vou. As pessoas que me desculpem, mas não vou. Por quê? Não tenho vontade.

Essa estimulação afasta muito a gente da gente mesmo, gostaria de fazer um esporte, gosto de *paddle tennis*. É um jogo mais descontraído, mais informal, mais divertido: em Buenos Aires é coqueluche há quase dois anos, mas em São Paulo não tem. Caminho bastante, enquanto o meu secretário, Norival, que é um bom companheiro, respeita meu silêncio e meu isolamento. Moramos na mesma casa há uns doze anos. Comprei aquela casa em 1977 mais ou menos. Eu ia a São Paulo sistematicamente e estava farto de hotéis; era tão impessoal! Então aluguei um apartamento de uma senhora que morava em Brasília. Mas não deu certo, porque aquela senhora voltou a morar em São Paulo.

Naquela época comecei a perguntar se sabiam de alguém que queria compartilhar uma casa, porque não poderia tê-la sozinho. A casa poderia ser assaltada, ou o apartamento. Nessa época eu comprava a minha roupa em uma loja... cujo gerente era o Norival. E perguntei a ele se conhecia alguém que gostaria de dividir. Ele me disse que estava procurando um apartamento e que viajava também. Passava por um processo de desquite na época, viajava para Bauru e precisava ter um lugar em São Paulo para dividir com alguém. Assim alugamos um apartamento. Depois ele se desligou da loja, eu comprei a casa, convidei-o para vir morar uns tempos, e ele passou a cuidar da casa e tudo o mais. Ele me perguntou: "Quer que eu organize o instituto?", como mais uma tarefa sua. Aceitei e ele ficou. Gosta de fazer isso, e faz muito bem. Está identificado com o instituto, com as pessoas. Continua fazendo as coisas dele quando não estou e administra o instituto quando estou lá. Norival também é uma pessoa muito solitária, muito mais que eu.

S Não sabia disso. Não me dá essa impressão.

B Sim, ele é... Respeita minha intimidade, não interfere, e muitas vezes, quando estou cansado, me convida a ver um jogo de futebol ou vamos ao Ibirapuera. Às vezes, começo a escrever, fico empolgado, e esqueço que preciso repor minhas forças. E então lá vem ele e me leva para umas atividades esportivas que me fazem bem. É um amigo, uma pessoa muito querida. Em São Paulo tenho os meus cachorrinhos também: Focinho e Ágata.

S Então tem todo um jeito de casa mesmo.

B Não, é uma casa mesmo, há as minhas coisas, não preciso viajar com mala, nada. É um lugar onde me sinto bem para escrever, porque é muito tranqüilo. Em Buenos Aires a pressão está muito forte, excedi o limite do meu trabalho. A falta de estabilidade na Argentina fazia com que eu ficasse tentando pegar mais trabalho do que gostaria, por exemplo. Porque eu nunca sabia se dois vale dois ou vai valer cinco ou vai valer nada. Então isso cria uma instabilidade muito grande, dificulta o planejamento. É uma mutilação, uma desfuturização. Tiram o futuro, tiram o planejamento. Se você trabalha demais, fica cansado; se trabalha de menos, fica inseguro. Então me excedi, e agora é difícil voltar. Temos hoje uma estabilidade maior na Argentina, mas vamos ver amanhã o que acontece. Mas estamos estáveis há tempos e eu vejo a necessidade de cortar. No Brasil está mais delimitado, com a ajuda do Norival. Ele não me passa as pressões. Se alguém me pede diretamente um horário, fica difícil negar. Ele é o encarregado de falar não. A menos que alguém o seduza...

S Você disse, em algum momento de nossa conversa, que o que importa é *quem* e *como* está investido no papel. A partir disso, o que é ser terapeuta?

B Sendo o mais espontâneo possível e não tentando dizer uma coisa elaborada, o terapeuta é uma pessoa que se encontra para poder permitir às outras pessoas que se encontrem consigo mesmas também, na procura de uma verdade. E que essa verdade se torne não só pensamento mas também ação. E vínculos. Acho que isso é o básico. Primeiro, precisa se encontrar, para poder realmente ajudar os outros a fazer a mesma coisa. Isso é o essencial. Uma pessoa ajuda a outra a buscar a verdade de cada um, e não a do terapeuta. Por isso eu disse anteriormente DO QUE SE FAZ. Agora, o COMO FAZER tinge claramente o resultado final.

Digo sempre que a terapia é o único remédio que você engole junto com a colher. Toma o remédio, mas também incorpora a colher. Por isso, aquele que incorpora o modelo de um diálogo, no qual esse outro é um outro imaginário, e onde esse outro não está presente, interagindo dinamicamente, está num modelo que distorce os vínculos. Essa pessoa fala olhando para cima como se estivessem fazendo um constante solilóquio e, como se faz esse constante encontro da verdade de cada um, de alguma maneira acaba também sendo parte dessa verdade. E como a verdade não se encontra, só se busca... Todo o segredo está em buscar sem a expectativa de encontrar verdades absolutas, porque é uma mentira. A verdade absoluta é em si mesmo uma mentira e um dogmatismo.

S E este terapeuta, enquanto psicodramatista?

B Não poderia dizer nada especialmente porque também faria a mesma observação a respeito da psicanálise ou de qualquer outra técnica terapêutica. O que acontece é o seguinte: não acredito em seminários teóricos como centro, restritos ao ensino da teoria. A proposta psicodramática é uma proposta integradora. Nem sempre chega ao objetivo de integração; novamente o importante é a busca, é a energia que você coloca na procura daquilo. Acho então que a terapia deve se ensinar fazendo-a, e ao mesmo tempo criando um espaço convergente para elaborar o trabalhado. Isso é o que são os grupos que chamo de autodirigidos. Grupos de formação no qual as pessoas se expõem, em certos momentos absolutamente terapêuticos: expõem um problema, um conflito, um deles dirige, depois se processa, em certos momentos eu dirijo, se processa o trabalho.

Processar significa olhar, de diferentes ângulos técnicos, teóricos, filosóficos. Elaborar, aprofundar, analisar a ação. Aí você aprende e novamente o instrumento contamina o resultado final. Porque se você está trabalhando como diretor, como paciente, como ego auxiliar, como observador parte do grupo, está aprendendo, está se integrando. Aprendendo e crescendo ao mesmo tempo. Fica muito difícil que você jogue, enfie teorias na cabeça de uma pessoa pensando que isso é terapia. Não tem nada a ver com terapia.

É a mesma coisa quando uma pessoa procura a gente e diz que está doente do fígado, e a gente diz: “Ah, claro, acontece que a bilirrubina não está sendo conduzida, não está levando à formação da bílis”. Você explica tudo. E a pessoa continua com problema no fígado. A única diferença é que agora ela sabe que está com o fígado ruim. A pessoa tem que diferenciar a teoria e o método. Muitas vezes se confunde terapeuta com teoria, enfiam-se teorias na cabeça da pessoa, e isso confunde, porque as pessoas acabam sendo como que grandes *experts* em si mesmos, mas continuam com as mesmas dificuldades de sempre, esbarrando nos mesmos conflitos. A diferença é que agora tem toda a teoria em torno disso.

Minha proposta é sempre integrar. Nem sempre consigo, muitas vezes a gente faz essas divisões também, mas tem o objetivo de corrigir, quando comete esse erro. Para mim é erro, não se divide uma pessoa. Sente aí, agora fique passivo e ouça porque eu sei e você não sabe. Vou ensinar o que é a evolução do ser humano etc. Qual é a proposta psicodramática? Senta, trabalha, levanta, faça aquilo. Trabalha no sentido de colocar ali primeiro a sua dificuldade, quem é você como ser humano, o que você gostaria de mexer, de mudar, de enxergar melhor. Faz, vai, trabalha, bota a mão na massa primeiro. Uma vez que você botou a mão na massa, começa a destrinchar devagarinho a massa e até pode chegar às últimas conseqüências, até a molécula, a última molécula daquela massa, o último *quantum* daquela massa. Vai primeiro compreender humanamente. Não é o único. Prepara as pessoas para se abrir, e compreender o outro humanamente como um igual.

O fato de que sejam papéis diferentes não faz um ser humano diferente. Todos temos cinco ou seis sentimentos básicos e cinco ou seis conflitos, assim como as notas musicais são apenas sete. Não há mais. São diferentes combinações, mas são só sete. A mesma coisa acontece com a gente. Somos iguais. Só embaralhamos as coisas de uma maneira diferente, e combinamos. É preciso não se preocupar tanto como combina, se preocupar e olhar a partir daquelas sete notas musicais, das quais certamente vai soar dentro de você uma delas ou várias delas. A partir daí, você pode olhar — e isso gera um encontro possível, uma compreensão recíproca.

Posteriormente, é o terapeuta que vai ajudar essa pessoa a se compreender melhor. Mas a partir desses vínculos, pois esse é um vínculo transformador. Os outros são operações desse vínculo, mas sem este vínculo nada acontece. Só com o vínculo também não se faz terapia. Então é preciso ajudar as pessoas a olhar a partir dessa perspectiva.

S Qual a potencialidade que você vê, Bustos, num momento de crise no ser humano? As crises servem para quê?

B Para aprender. Não há mudanças sem crise, nem aprendizado. Se você vai fazendo um crescimento por aposição, quer dizer, colocando uma coisa em cima da outra, acaba como os *ekikos*, bonecos míticos, personagens míticos dos peruanos, que carregam um monte de coisas. Parece que estão como aqueles caras que vendem objetos na praia, que levam uma coisa em cima da outra, colar, canga, chapéu. O volume vai crescendo, colocando uma coisa mais em cima. Não é possível, algo vai acontecer.

O ser humano está em contínua transformação e cada transformação é uma perda, um luto daquilo que você usava e que fazia parte de seu eixo, de sua maneira, da estrutura com a qual você lidava com a vida e com o mundo. De repente, aparece uma crise, você precisa reformular, e reformular significa admitir um luto, uma perda daquilo que você dava por certo, por tranqüilo, por imutável. E substituir pela interrogação. De novo conviver e perguntar "o que coloco no lugar?", "como vou lidar com isso agora?". Se isso não acontece, a pessoa está cristalizada, não acompanha o movimento de transformação contínua e está, portanto, doente. É uma caracteropatia, que simplesmente evita o sofrimento da mudança. Para ele o mundo é e será de um jeito, que ele se coloca como imutável diante do tempo.

S São essas crises que levam as pessoas a buscarem a ajuda psicoterápica?

B Normalmente, sim. Quando a pessoa sente que não pode lidar com essa transformação sozinha, quando se apresenta uma situação de vida para a qual não tem elementos — ou os elementos que possui não são suficientes —, dá-se conta de que precisa de ajuda para poder buscar novos recursos.

S E quais são os limites desse trabalho terapêutico? Até onde uma psicoterapia chega?

B Essa pergunta vale um milhão de dólares. É uma das coisas mais difíceis de avaliar. Precisa ser avaliado num conjunto, num vínculo terapêutico, entre as duas pessoas. Por exemplo, alguém que chega num momento de crise e que está sofrendo por não conseguir lidar, e que com o tempo consegue lidar com suas dificuldades, pode entender que terminou a terapia e que isso é o limite da própria necessidade. Essa é uma virtude importante, a do terapeuta poder sempre acompanhar o paciente. O terapeuta que se sente muito inseguro, porque de alguma maneira está dentro de uma situação inclusive econômica, onde precisa manter um orçamento familiar etc. etc., prefere então amarrar os pacientes e não permitir que eles mesmos façam uma avaliação de quando terminar, se estão satisfeitos.

Então esse é o momento de parar, porque do contrário há uma repetição, uma procura permanente. Não deve ser marcada pela improdutividade do vínculo. Às vezes também há outra avaliação do lado contrário, do lado oposto a isso que estou dizendo: o terapeuta avalia a pessoa sem a modéstia de dizer: "Até aí eu cheguei com você, eu não tenho mais recursos para ajudá-la". Em vez disso, o terapeuta pode dizer a essa pessoa: "Você já está bem, já acabou". É o vínculo que em certo momento esgota a produtividade. Isso tem que ser visto desse jeito. É o vínculo, mas a pessoa pode estar tendo outras necessidades, então vai à procura de outro terapeuta e pode estabelecer outro vínculo que a leve para onde quer ir, aonde precisa ir. Só que precisa fazer uma indagação profunda.

Por exemplo, eu trabalho normalmente com terapeutas. Os terapeutas precisam ter maior acesso à própria intimidade, ao próprio mundo interno. Maior acesso porque o instrumento de trabalho é a gente mesmo, na maior afinação. Quanto mais afinado estiver esse instrumento, melhor vai ser a possibilidade de acesso a níveis que o outro está mostrando. Se você sente que se assusta muito, por exemplo, com a agressividade, você não vai trabalhar a agressividade do paciente, você vai ficar de fora, e chegar a conclusões que estão muito mais baseadas no seu próprio medo de enfrentar. Vai dizer a essa pessoa: "Você tem medo de entrar em contato com sua agressividade". Mas, na realidade, primeiro tem que se perguntar: "Será que eu não tenho medo de entrar em contato com a agressividade dessa pessoa, pela minha própria dificuldade?". Então essa indagação seria a possibilidade de termos acesso contínuo à nossa falibilidade. Isso faz com que os terapeutas tenham que aprofundar a própria terapia. Assim, o objetivo da terapia dos terapeutas muitas vezes não está tão dirigido a uma elaboração dos conflitos familiares e pessoais, mas contém também a possibilidade de afinar um instrumento, que é ele próprio.

S Muitas vezes ouve-se falar: "O meu terapeuta me deu alta", ou terapeutas que dizem: "Dei alta para tais pacientes". Como você vê essa expressão?

B Bom, pode ser um acordo, uma elaboração adulta e bem amadurecida de uma situação. Acho, porém, que esse "dar alta" faz parte de uma herança médica, que não corresponde a um relacionamento psicoterápico. Em terapia você também pode dizer que os objetivos foram cumpridos, os vínculos se esgotaram, a produtividade vincular não está chegando e atingindo os objetivos da pessoa. Essa é outra situação em que se propõe encerrar o vínculo terapêutico. Mas acho que o termo "alta" é uma das tantas distorções que temos no foco biológico da terapia.

S Psicodrama ortodoxo, psicodrama moreniano, psicodrama psicanalítico, psicodrama integrado com teoria sistêmica, como você vê isso?

B Eu acho que é parcializar. Não nego a validade; acho que pode ser feito. De fato, uso técnicas gestálticas em psicodrama, uso técnicas da bioenergética, uso de alguma maneira certos conceitos reichianos de bloqueio, por exemplo, mais que reichianos, lowenianos, de Lowen. Eu acho que integram, sem deturpar o centro. Minha preocupação é que o uso de tanta coisa acabe levando a uma certa ambigüidade, a uma mistura. São tantas técnicas, que de certa maneira uma pode neutralizar a outra, em vez de potenciar. Aí é preciso parar, olhar de novo. Muitas vezes essa possibilidade mais ampla de integração tem esse perigo.

Por exemplo, Bateson, nos sistêmicos, formula, modela também. É outro que faz formulações, que tem muito a ver com Moreno. Mas Moreno foi muito pouco lido. Se você ler a teoria do vínculo, por exemplo, vai encontrar muitas abordagens, não só abordagens, a teoria em si tem muitíssimo a ver com conceito de átomo social, conceitos sociométricos de Moreno, que são muito claros para mim. Mas o que acontece? Moreno cometeu dois erros na transmissão da obra dele: primeiro, ele fundou a própria editora, a distribuidora, responsável por uma distribuição limitada. Ele criou a Beacon House, que era a editora, e todos os interessados tinham que recorrer a eles. Lá só distribuíam os livros dele, e só quando as distribuidoras têm um monte de livros é que podem ter uma penetração maior. Primeiro, é isso.

Segundo: a leitura de Moreno não é fácil, porque é muito pouco sistemática. Muitas vezes ele é meio caótico nas seqüências. Então uma das tarefas que acho importante fazer, e que tenho feito todo o possível — agora estou trabalhando num novo livro de teorias —, é colocar de uma forma que seja compreensível. Que os conceitos mais importantes possam estar mais sistematizados e que permitam sua compreensão. Às vezes, você tem uma sensação meio caótica quando lê Moreno. Ele vai de um lado para outro, diz uma coisa e logo em seguida outra. Ele era uma pessoa meio caótica nessa maneira de pensar. Na conversa pessoal, ele não era assim, mas sem dúvida esse é um defeito da obra de Moreno. Às vezes, a mesma coisa, traduzida por outros autores, é mais compreensível.

Não posso reclamar das pessoas que vão beber da fonte de água mais clara, que entra melhor. Só que, então, a gente teria que fazer, como se faz, aliás, uma releitura. Fazer uma sistematização, respeitando os conceitos morenianos que estão em muitos desses autores que você citou. Mas confesso que eu mesmo uso certos conceitos que me ajudam e não acho nada de mais, desde que conserve o núcleo e não corra o risco de usar conceitos que se anulam entre si.

S São cenas ou palavras que estruturam o processo terapêutico e esclarecem as situações que estão sendo vividas?

B Não são cenas, nem palavras. São ambas.

S "Não" para cenas *versus* palavras. Cenas e palavras.

B Ambas. Para mim seria assim: você pode fazer, por exemplo, um aquecimento, trabalhar, ir ampliando, trabalhando com diferentes estímulos para começar essa primeira etapa, até conseguir concentrar os estímulos numa unidade operativa mínima, que é a cena. A cena permite, abre, estrutura o trabalho dramático. Você começa com uma coisa mais ampla e desestruturada para chegar à cena, como aquilo que é estruturante, operativo. A partir daí, pode reformular todo aquele ponto de onde se começou.

S Às vezes espera-se que o terapeuta seja uma pessoa "completamente" saudável, tanto do ponto de vista físico como mental. As doenças são inoportunas, as crises existenciais e as transgressões, indesejáveis. Como lhe parece?

B Me parece adequado, desde que responda a uma necessidade mítica do paciente. Existe perigo quando há a necessidade de o terapeuta se colocar nesse lugar e fazer tudo para manter a imagem mitificada — porque em algum lugar ele é onipotente, é aquele que nunca adoece, nunca briga, nunca está inseguro, nunca faz perguntas. Esse é o problema grave das terapias. O terapeuta pode estimular uma imagem onipotente de si mesmo, negando a própria vulnerabilidade, que fica projetada no paciente. Cria-se o seguinte vínculo: "Você, paciente, tem problemas, conflitos, doenças, limites — vai morrer. Eu, terapeuta, não tenho nada disso, sou imortal".

Eu, enquanto terapeuta, me apresento como uma pessoa diante de outra. Trato o outro de uma maneira o mais natural para mim, e repreendo se tenho que repreender, rio se tenho que rir, choro se tenho que chorar. Faço isso desde o início do processo, mas respeitando uma adequação. Se tenho uma pessoa com muitas defesas do meu lado, que sinto que está assustada, não falo de nada pessoal e respeito aquela atitude que não me recebe. Uma pessoa mais aberta me permite essa adequação de conduta. Você não é o mesmo, você sempre é diferente com todos. Cada pessoa o estimula de uma maneira diferente. Se você responde adequadamente a essa solicitação, vai ter respostas que vão permitir um progresso no vínculo. É preciso levar em conta que você também estimula; não só recebe, mas emite.

S Essa é uma percepção correta do terapeuta?

B Uma percepção correta quando a pessoa não agüentaria ouvir uma coisa íntima sua, por exemplo. Não agüentaria porque fica assustada, porque está precisando ter um mito, está desconfiada demais das pessoas, e a consciência da falibilidade é tão grande e desestruturante que precisa de alguém em quem projetar essa figura onipotente. Uma coisa é você aceitar essa projeção, trabalhar com ela, fazer disso material de trabalho básico, dramatizar, para que a pessoa possa enxergar melhor a realidade. E outra é encarnar essa postura, fazendo de conta que nada acontece consigo e que é invulnerável. Isso acaba virando um vínculo protetor da falibilidade, da insegurança, da falsa tranqüilidade do terapeuta. Esse é o perigo da terapia, de todas as terapias, independentemente do método empregado.

Se você precisa ser mitificado, vai ajudar a mitificação a partir do psicodrama ou da psicanálise. Talvez o fato de estar aí sentado, onde ninguém possa ver você, permita uma maior possibilidade de encarnar essa figura para o outro. Quando ele está vendo você, percebe que você está cansado, tem sono. Ele tem possibilidade pelo menos de perceber isso, embora não registre, numa atitude de defesa. O paciente conhece você e pode olhá-lo de uma maneira mais próxima e mais humana. Mas primeiro você tem que oferecer esse olhar como potencial, com possibilidades, sem impor.

S O homem possível e o homem ideal — como é isso na teoria e na técnica do psicodrama?

B O homem ideal é claramente um homem espontâneo. Que quer dizer isso? Me preocupa muito entrar mais profundamente no conceito de espontaneidade. Aí vem o mergulho, em Kierkegaard, o conceito de angústia como essencial no ser humano, o conceito de liberdade que é até, nas mesmas palavras, o conceito de espontaneidade de Moreno. Para Moreno, o homem livre é o ideal, um homem espontâneo, que se permite criar e recriar o mundo, sempre. Claro que é um ideal, e como todo ideal o mais importante é buscá-lo, sem perder de vista que encontrá-lo significa matá-lo também.

Costumo lembrar a imagem de um menino que tinha um passarinho na mão. Ele tinha tanta ansiedade de encontrá-lo, que, ao conseguir, apertou-o e o passarinho, muito frágil, morreu. O menino ficou assustado, sentindo que matou aquilo que mais queria. Acontece que a espontaneidade, como essência, não pode ser encontrada. São momentos, e você tem que conviver com aqueles outros momentos nos quais você não está sendo espontâneo, e com possibilidades criativas.

Diante de todas essas alternativas de possibilidades espontâneas e criativas, você tem que fazer muitos pactos e subordinações na vida. Há muitos momentos nos quais você diz: Eu queria, mas não posso. Eu quero aquilo, mas faz mal para alguém. Então, a responsabilidade inibe a realização de um desejo simples, porque machucaria os outros. A gente tem que estar continuamente fazendo pactos entre o ideal e o possível. Esse pacto tem a ver com a ética, com toda a estrutura ética que permite ir modelando essa aproximação da liberdade, porque, se é liberdade, é a realização total dos desejos.

Felizmente, a palavra responsabilidade está perto de liberdade. Aí entra, por exemplo, o conceito do direito, que diz que onde o meu termina começa o seu. Esse é o princípio básico do direito e também da democracia. Mas é muito difícil; muitas vezes vivemos nos invadindo, submetendo os outros, querendo ser livres às custas da liberdade do outro. E que liberdade é esta, se é à custa de uma prisão que você está construindo para alguém? Aceitar a própria liberdade, a própria espontaneidade, é fácil na teoria, como ideal, mas muito difícil na prática. Também é difícil de aceitar, na prática mesmo, a espontaneidade das pessoas próximas. Mas sentir que você está fazendo uma proposta de liberdade, para si e para o outro, leva a um constante desafio, nesta nossa cultura, que é repressiva, absolutamente baseada na culpa, no castigo.

Costumo ler a Bíblia, que é a base, a matriz da nossa cultura. No meu último livro a respeito dos casais, trabalhei muito com o Gênesis. Considerando Moisés, os mandamentos, como era essa nossa cultura? Existem tantos nãos que eu me pergunto: o que acontece com uma cultura repressiva, que enfatiza mais o que não deve do que as respostas claras? Por que ela não faz propostas de uma aprendizagem, um treinamento para a realização de determinados objetivos? Enfatizar o que não deve ser feito compõe a repressão e torna o proibido desejado, e nada deve ser temido e desejado ao mesmo tempo.

Além do temor, há o castigo da morte e depois dela o sofrimento da morte nos infernos. Este seria o castigo pela transgressão. Isso é explícito no Antigo Testamento e mais moderado no Novo. A sociedade, então, ao privilegiar o *in*desejável no lugar do *de*sejável, coloca a transgressão como única maneira de criar. Assim, o modelo criador é o modelo diabólico. É claro que devemos levar em conta que o Antigo Testamento foi escrito na época de uma sociedade canibal, tribal, na qual a pessoa tinha que reprimir os instintos. A repressão é a base da cultura da civilização. Não fosse ela, ainda estaríamos comendo uns aos outros. A gente continua fazendo isso, mas num sentido metafórico.

O homem ideal, portanto, emerge de uma cultura, é um homem espontâneo, livre. Mas o homem real é o que está continuamente sendo obrigado a fazer pactos entre o desejo e a possibilidade de realização ética do desejo.

S Num de seus livros, você afirmou que o leitor deve tomar cuidado e não se desfazer dos demônios, pois há um risco de estarmos nos desfazendo do melhor do que somos.

B Sim, o problema é o que a gente chama de demônio. É o nome, não o conteúdo do demônio, que é transgressor e, portanto, criador. Mas o nome é uma armadilha, pois aí você diz: não, tem que ser ruim, não posso gostar dele.

S Os demônios seriam os desejos, as transgressões, aquilo que não combina com as normas.

B Isso mesmo.

S Estamos na virada do século. Na fase da "nova era", do movimento holístico, que está sensibilizando e comprometendo muitas pessoas. Como você se relaciona com essas novas concepções?

B Lembro-me de quando era pequeno e arrastava uma sacola com uma barra de gelo, que a gente comprava para colocar numa geladeira. Há uma grande mudança em relação a essa época dos *freezers*. O mundo está em contínua transformação, fronteiras que se dissolvem, a cultura que se internacionaliza através dos meios de comunicação. Antigamente a gente se comunicava através de um rádio grandão. Lembro-me das festas cívicas, a gente ouvindo o Hino Nacional, aquela solenidade — enquanto hoje tudo significa uma cultura internacionalista.

Às vezes, essas transformações geram sofrimento, mas é impossível reter, é matéria viva. Ou se transforma, ou se morre, ou se congela. Congelamento na cultura não existe. Não existe um *freezer* cultural, mas há tentativas! Os militares tentaram, os russos também, colocando muros, mas o muro acabou sendo revogado. Estamos assistindo neste fim de século ao desaparecimento dos maniqueísmos. Pergunto o que vai acontecer aos Estados Unidos, agora que não existem mais os ruins. Os russos, por exemplo, eram seus inimigos, os demônios.

A partir disso, nasce, mesmo dentro do capitalismo, a proposta oposta e necessária para o equilíbrio: marginalmente uma minoria representa o esquerdismo, a defesa do demônio. No fundo, são dois lados da mesma moeda, esse maniqueísmo estruturante, que permite de alguma maneira colocar fora sempre o ruim, com o empobrecimento decorrente disso. Se isso desaparecer, qual vai ser a próxima proposta? Necessariamente tem que ser essa idéia holística, aquilo que é completo, a totalidade.

Como é esse homem? O chinês pode olhar com as mesmas sete notas musicais, falar com o russo, o cubano, o argentino, o brasileiro, o sueco. É essa transformação que você vai tendo na medida em que se deixa impregnar por aquilo que é cultura. Sinto isso muito pessoalmente quando, por exemplo, estou interagindo com muitas culturas do mundo. Percebo que incorporo alguma coisa e de repente me sinto falando com um tom diferente, que de alguma maneira ressoa em mim de uma outra forma. Acho fascinante essa transformação contínua. Abrem-se novas responsabilidades que não sei aonde vão chegar. Acho que estou tão metido dentro desse processo que fica difícil poder ver para onde estamos indo. Mas estamos indo.

Está acontecendo uma grande transformação. A queda do Muro de Berlim, a união da Europa, o fim do maniqueísmo. O socialismo começa a impregnar, modificar e humanizar o capitalismo e o capitalismo muda seu processo de integração, que origina uma proposta nova, de tipo social. Pois as duas fracassaram, não foi só uma, não. O fracasso do comunismo — mais do stalinismo do que o da proposta socialista — acabou impondo o que deveria ser proposto. Essa imposição de um novo método contamina o resultado final e acaba gerando uma falta de espontaneidade no homem. O homem na Rússia estava tão perseguido, tão assustado com aquele império do medo!

Quando viajei para Cuba, fui com a intenção de acreditar que é possível uma humanização, onde as crianças são protegidas e todos possuem os mesmos direitos, como justiça, habitação decente, cultura, informação e saúde. Fui com muita esperança. Mas tive a impressão de que isso tinha sido imposto e que novamente Fidel Castro confundia o ideal de homem com a realidade humana. Existe o que chamamos de demônio, de egoísmo. O homem não é esse ser altruísta, ligado continuamente a uma visão comunitária. Ele tem também ambições pessoais, egoísmo, aquilo que chamam de respeito a si mesmo. Que a gente saiba, todos temos uma única vida, o resto são especulações. Como temos provas desta vida, a idéia é usar, ver seu potencial, como ela é. Fidel impede isso, pois tem uma satisfação narcisista. Ele está satisfeito narcisisticamente, porque as pessoas devolvem a ele uma imagem muito endeusada, ele é um Deus.

As outras pessoas, o povo, não existem. E estão pedindo. Você conversa com os cubanos e percebe que eles não existem. Ou há fanáticos, que nada enxergam, ou descrentes, que fazem tudo como autômatos e como não têm possibilidades sonham ir embora. Não há muita gente com possibilidade de assumir que querem coisas, querem viver bem, com conforto. Somos uma sociedade, temos indivíduos dentro de uma comunidade. É importante olhar para o indivíduo e para a comunidade, não indivíduo *ou* comunidade.

S Você também chegou a sentir isso nos grupos de trabalho de lá?

B Não, nos grupos de trabalho havia mais fanatismo. Não trabalhei em Cuba, mas vi trabalhar, assisti. Algumas situações me revoltaram muito. Um dia, quando passava com Elena diante de um jardim-de-infância, ficamos vendo crianças louras e negras brincando, vestidas com roupas decentes, dignas. Eu não tinha a sensação de pobres e ricos, e ficamos encantados. De repente, chega a professora das crianças, interrompe a brincadeira e ordena: "Todos têm que colocar o bracinho no peito e falar:

"Liberdade ou Morte!". Esse é o lema de Fidel, "liberdade ou morte, a vida pelo Che". Fiquei tão indignado por esse doutrinamento dogmático! Toda sociedade doutrina, mas não precisa essa coisa tão ferrenha, que não deixa outras opções.

Assim aquelas crianças aprendem e automatizam um tipo de pensamento desde cedo. Considero isso um crime. Posso compartilhar um ideal socialista, onde haja mais possibilidades para todo mundo e acesso a coisas básicas, mas não posso aceitar esse método que machuca.

S No seu trabalho com grupos de terapeutas, como fica a consistência, sob o ponto de vista dos conhecimentos teóricos, dos grupos autodirigidos?

B Empobrecida. É preciso lutar muito para resgatar esses conhecimentos. Por exemplo: eu gosto muito de ler e estudar, é natural. Quando você centraliza numa aprendizagem mais verbal, de comunicação, você aborda e trabalha coisas muito teóricas, mas em grupos. E, depois, fica com um certo desânimo para estudar. Ainda não achei a maneira de estimular meus alunos. Eles crescem, muitos tornam-se bons terapeutas e ficam interessados em teorias. Não entendo, mas possuem uma certa dificuldade de começar a agir de forma mais equilibrada, para poder beber também em outras fontes. Acho que essa é uma das minhas maiores dificuldades.

S Você acha que a literatura também é importante para um terapeuta?

B Ah, sim. Pelo menos, me alimenta. Por exemplo, no último livro, *Perigo, Amor à Vista*, me baseio muito na literatura. Os poetas estão sempre na frente, enxergando de uma maneira mais sábia porque têm um olhar menos comprometido, mais transgressor, estão menos comprometidos com uma interpretação dogmática da realidade. De alguma maneira, enxergam e denunciam uma mudança, bem antes que a maioria das pessoas.

Outro exemplo, o teatro. Estávamos conversando sobre *Tamara*, uma proposta que abre diferentes visões de mundo. Se você compreende o mundo, tentando defini-lo de uma maneira mais ampla, a partir de seu próprio olhar, e compreende que essa é só sua perspectiva do mundo, e vê que seu vizinho, dois metros adiante, está vendo outro mundo tão válido quanto o seu, você estende isso. Nas manifestações da arte como pintura, cinema, literatura, você tem diferentes visões, diferentes ópticas. Isso agiliza, permite diferentes visões de mundo. E não há dúvida de que o terapeuta precisa de tantos recursos quantos sejam possíveis.

S Em relação a isso, cite alguns livros que não devem faltar na biblioteca de um terapeuta.

B Os mais importantes? Deixa ver... A Bíblia, Shakespeare, Pablo Neruda, Dostoiévski... Estou falando de autores e não de livros específicos. Não poderiam faltar os livros de Moreno, especialmente *As Palavras do Pai.* Alguns livros de Freud: *Além do Princípio do Prazer*, *A Psicologia das Massas*, *A Interpretação dos Sonhos.* É importante compreender esse tipo de enfoque. Já em outra linha, *Esquizofrenia*, de Silvano Arieti. Os livros de Melanie Klein são realmente muito bons e importantes porque abrem para outros autores: Erikson, Kohut, Fairban.

Algumas leituras de Lacan são importantes. Lembro-me muito de uma citação de Bertolt Brecht: "Quando se faz a coisa muito complicada, só se está a serviço dos tiranos". Algumas formulações de Lacan são muito válidas, o que me irrita é seu método. Me irrita também a arrogância na qual se colocam os intelectuais envolvidos no lacanismo. A atitude de se apresentarem superiores, essa soberba, esse manejo de poder que eles fazem.

S Esses são os livros?

B Sim. Há muitíssimos outros, milhares deles vêm à cabeça, mas neste momento... Marguerite Yourcenar, Sartre, Simone de Beauvoir — impossível pensar um sem o outro —, Proust, Cortázar, Fernando Pessoa — gosto de Jorge Amado, García Márquez, Isabel Allende, Carlos Fuentes, Vargas Llosa.

S Você diz, em seu último livro, que os homens sempre esconderam sentimentos de insegurança, medo do fracasso ou dor perante a perda, e enfatiza que não se pode curar uma dor que em resistência se nega. Na sua vivência no trabalho com os homens, como tem sido esse processo?

B Difícil. Estou escrevendo um livro a respeito da identidade masculina. Chama-se *As Peripécias de Adão*. E estou me baseando em grupos que tenho feito com homens, na minha experiência de tratar homens, em mim mesmo, primeiro e principalmente, nas minhas dificuldades para crescer como tal e para assumir minhas possibilidades e minhas dúvidas. Mandei questionários a várias pessoas, de diferentes cidades do mundo, para responder a algumas perguntas e as respostas são geralmente muito telegráficas. Constatei, nas respostas, a pouca elaboração em cima de si mesmo, o pouco acesso à intimidade.

Se eu tivesse perguntado isso às mulheres, teria páginas e páginas de respostas. Porque estão continuamente elaborando o papel, e crescendo. O homem sente que precisa entrar em contato com coisas que vai perder, porque está numa falsa posição de privilégio no mundo. É absolutamente falsa, porque o homem morre antes, está cheio de falsas situações de prestígio, entrando continuamente em labirintos com promessas de que no fundo está a felicidade. Às vezes, gasta a vida inteira entrando naqueles labirintos cheios de espinhos, e sempre morre antes. Está sempre identificado com o poder e aceitando esse poder.

A mulher é o não, a mulher não sabe, não tem, e então vai em busca, mas já com uma situação interna de não ter. O homem está colocado sempre no lugar onde tem a resposta. Se o homem não aceita ter as perguntas a respeito de si próprio, do mundo, vai só representar ou o *status quo*, o congelamento, o *freezer* da cultura, ou a revolução destrutiva. Não é a transformação, que é aquilo que é necessário. Não se pode tentar conseguir no ato o que não se consegue no processo. Então o homem se identifica com aquilo que tem. E tem que silenciar as perguntas. Tem que silenciar os vazios. Silenciar a representação do vazio, que seria o pensamento. O pensamento que permite dizer: Não tenho tal coisa, eu quero, eu desejo aquilo e não tenho. Ter claro o que tem, não ter claro o que não tem.

Assim, com aquilo que não tem, a dor, a insegurança, adota um código somático: mais cedo ou mais tarde, adoece. Essa atitude, que você dizia ser hiperimpositiva da cultura argentina, que diz “não”, “isso é meu”, e essas coisas assim. O homem tem que estar muito estimulado culturalmente para isso. E fica muito pouco num contato digno com aquilo que não tem. Poder verbalizar que isso tem uma representação simbólica, uma possibilidade de pensar e agir, sem sentir que fracassou como homem é difícil, é o fracasso. O que é o fracasso? O homem chega a um ponto da vida, no qual sabe que não tem uma série de coisas, que pode ir em busca e conviver dignamente com isso.

Então este é um momento também de transformação da cultura, em termos das expectativas em cima de homens e mulheres. É um relacionamento muito difícil. Porque às vezes, em vez de colaborar, de sentir que os dois estão na mesma enrascada e se juntar para poder lutar, há uma competição, em que a mulher está tentando se colocar no mesmo lugar que o homem. E o homem, o que faz? Tem que sair desse lugar, desse pedestal que está tremendo nas bases, felizmente. Existe um terremoto que vai fazer o homem se estrepar. Aliás, já se estrepou a vida inteira.

Se alguma coisa for conseguida, será normalmente na integração da luta. Não acredito nos movimentos feministas, nem nos machistas, como se diz. Acho que há um movimento de integração que é possível. Isso não quer dizer que não tenha lugar para grupos de reflexão de homens e mulheres. As mulheres compartilham mais facilmente suas intimidades; o homem custa a compartilhar. Mas estamos aprendendo. Toda a transformação significa ir em busca de alguma coisa que não está, esse é o lugar da aprendizagem. Você legitima essa aprendizagem, em vez de sentir que fracassou como tal. Atualmente, existe um tom muito diferente, com toda essa cultura de *workshop*, onde a terapia está muito mais comunitarizada.

Não precisa ir uma, duas, quatro vezes por semana a um consultório sozinho com o mesmo terapeuta. Às vezes, você assiste a um trabalho, um *workshop*, com uma determinada proposta num fim de semana, dois dias, ou algumas horas, e o instrumento terapêutico entra, mobiliza e permite a elaboração. Esse espaço, quando bem trabalhado, está sendo cada vez mais usado, junto com, ou em vez do consultório. Pode ser bem feito. É difícil porque mobiliza muito, mas, francamente, é muito útil. Estamos caminhando para essas atividades e propostas mais abertas. Não é preciso se engajar num processo de anos. Se quer a terapia, faça! É uma outra proposta. Mas esses espaços que estão aparecendo podem ser enriquecedores, e são terapêuticos também.

S Como a mulher vive suas mudanças neste momento de grandes transformações?

B Tenho a impressão de que estamos chegando a uma possibilidade mais calma de avaliar isso. Todo o *status quo*, como disse agora há pouco, tem que passar por crises. Nas crises, você não enxerga, você esperneia. Na situação crítica, você faz o que pode para sobreviver. Alguém que está se afogando no mar não vai pensar se está nadando com estilo. Faz o que pode. Às vezes, alguém vem salvá-lo e ele reclama, dá um tapa em quem vem salvá-lo, porque está simplesmente tentando não se afogar.

Acho que essa metáfora vale para o feminismo. A mulher saiu do *status quo*, do papel fixo, condenada a não poder participar de certos aspectos da sociedade, do mundo, da vida. O feminismo começou como essa pessoa que está se afogando e de alguma maneira dando muitos tapas. Acho que se machucaram muito, mas era necessário, era parte de um processo social inevitável. E pensaram muitas vezes que o homem que se aproximava não era para salvar, ou para sobreviver junto, mas para afogá-las ainda mais.

Fez-se uma luta contra, um movimento reativo, como se aquilo que fazia parte de mitos, costumes e tradições sociais fosse colocado como gerado ativamente pelos homens. Dessa forma, não percebemos que fomos fazendo uma vida, uma cultura, juntos. Durante muito tempo, foi uma cultura masculina, especialmente a latina, claramente machista, mas foi feita também a partir da passividade da mulher diante disso, agindo como se a ordem natural da vida fosse aquilo que a leva a ficar "a dona de casa, que cuida das crianças" e que tem que endeusar o papel biologicamente determinado, o papel da mãe. E ficando por aí, se conformando com isso.

A mulher já saiu disso, felizmente essa etapa já terminou. Ela se rebelou, e começou a se rebelar contra o homem sem ver que o homem estava incluído no mesmo engano, que o homem também estava negando muitos aspectos próprios, se mutilando tanto quanto a mulher. O homem estava sendo parte de uma grande mentira mutilante para ambos. Tenho certeza de que se a gente sair dessa mentira, vai ser juntos. Homens e mulheres têm que sair de grandes mentiras que nos foram impostas pela cultura e que pré-condiciona o desenvolvimento do homem e da mulher. O homem tem que ser bem-sucedido e ter uma atitude viril. E viril quer dizer competir, ser o melhor, estar continuamente tentando mostrar a força. E isso é uma mentira, uma estupidez, uma mutilação, tanto quanto é a parcialização da mulher.

Essa transformação que está acontecendo é boa, mas é uma crise de muito sofrimento para ambos. É uma redefinição de papéis e de limites. Papéis implicam normas, códigos. Eu tenho brincado muito, nestes últimos dias, aqui em Pinamar, sobre o masculino e o feminino identificados. Aqui estão três mulheres e eu sou o único homem. E brincamos, dramatizamos muito nosso próprio drama, do homem que domina. Quando brincava de dominar, eu dizia: "Cale a boca...". Foi divertido, porque nós conseguimos fazer, de alguma maneira, isso ser gostoso. Transformar aquelas ansiedades, interrogações, medos e tensões que acontecem nos vínculos em brincadeiras, em vez de fazer delas uma grande tragédia.

Acho que é um distanciamento bom, que permite uma elaboração. Isso faz parte de uma transformação, são novos códigos. Já coisas como abrir a porta do carro para uma mulher... Para mim é natural, fui criado desse jeito, gosto de dar uma consideração, o que não quer dizer diminuir. Não acho que a mulher não possa sair sozinha, mas é gostoso fazer isso, pequenas atenções que fazem com que a mulher se sinta especial, de certa maneira. É agradável e faz parte de mim. Não é para diminuir. Mas já aconteceu de a pessoa dizer: "Não, porque você trata a mulher como se fosse de uma fragilidade total". Acho besteira, não é essa a minha intenção. Mas também compreendo que essa interpretação é válida, só que não estou de acordo com ela.

Então, a transformação não é nem do homem nem da mulher, é de todos, é uma grande crise que está gerando crises familiares profundas nos casais, crises profundas também de redefinição de dinâmica. E redefinição de códigos.

Não estou muito de acordo é com essa separação do feminino e do masculino. Dizem que o homem tem que assumir sua parte feminina, por exemplo. Acho isso uma grande besteira, assim como o fato de a mulher ter que assumir a parte masculina. Isso faz parte daquela divisão maniqueísta. O que acontece é assim: à mulher foi permitido assumir a vulnerabilidade em seus significados: os sentimentos, insegurança, dor, pena, a demonstração dos sentimentos. Aos homens não foi permitido assumir esses aspectos vulneráveis, e ele foi estimulado apenas a assumir papéis fortes. Por isso, os homens morrem antes, e se quebram. Então, acho que é necessário ao homem deixar aparecer os aspectos vulneráveis, sem que isso signifique aspectos femininos. Aí está a grande verdade. Não são aspectos femininos. O nome condiciona muito a interpretação de um fato. A mulher precisa assumir os aspectos ativos, e não os aspectos masculinos. Há um erro profundo de interpretação e de compreensão dessa evolução que estamos tendo.

S Acabamos falando também da identidade de gênero masculino.

B Não é uma célula do mundo que está mudando, é o mundo inteiro, é uma dinâmica, uma dinâmica social. Se a mulher muda, o homem vai mudar. Se o homem muda, a mulher vai mudar. Estamos num vínculo que se transforma continuamente. É preciso que o homem, que tem mais facilidade para conhecer as regras do jogo dos esquemas de poder, dos esquemas de trabalho, de participação num mundo competitivo, por exemplo, possa dar a mão à mulher no sentido de ensinar o código. Em vez de ficar em duas equipes diferentes, vamos fazer parte da mesma equipe e jogar para o mesmo fim. Acho que isso está acontecendo devagarinho, mas muitas vezes é mais fácil dizer quem luta contra quem. A mulher luta contra o homem, o homem luta contra a mulher. Nessa transformação, se pudermos nos dar as mãos mutuamente, vai ser muito menos dolorido.

S Eu estava me lembrando agora do filme espanhol *Como Ser Mulher e não Morrer na Tentativa*... Para você, houve um momento em que esta vivência do feminismo era feita a partir do papel de quem está se afogando. Mas, hoje já é possível ter humor nisso. Começa a aparecer toda uma caricatura da situação e de fato já se pode começar a brincar com as dificuldades.

B Mas é um filme feito por uma mulher. Ela pode mostrar, e já está podendo brincar. O autor do livro é uma mulher e quem dirige o filme também, que é a Ana Belém. Uma grande atriz, uma mulher muito bonita, muito charmosa, mas que resolveu assumir a direção pela primeira vez. Como é a primeira vez, há muitas falhas. Por exemplo, o Almodóvar teria feito um filme muito mais divertido, porque ele tem cancha, tem experiência. Ana Belém teve que fazer isso pela primeira vez. Achei muito válido o fato de as mulheres resolverem fazer. Elas estão pagando o preço disso, o preço de se lançarem. Se eu fosse dirigir psicodrama, não poderia fazer da mesma forma que Moreno fez: seria besteira.

S Você acha que pode existir um aspecto reativo a todo esse contexto que estava descrevendo, mulher X homem, e isso contribuir para estimular vivências homossexuais?

B Acho que pode haver algum tipo de reação. Aquela mulher que não conseguiu assumir ambos os aspectos, os ativos, os passivos, a vulnerabilidade e a força, e integrá-los dentro de si, tende a amar alguém que está na mesma, mas isso também acontece com o homem. Você está colocando muito a transformação do feminino, mas isso é a ponta do *iceberg*, é uma transformação cultural profunda a respeito dos papéis e dos códigos, e daquilo que é permitido e aquilo que precisa ser reprimido, tanto no homem como na mulher. Então, uma das maneiras de lidar com aquela não integração interna é se fechar, não conseguindo se aproximar do outro que tem aquilo que é negado para si.

S Na verdade, o que eu fiz aqui na minha cabeça foi uma divisão didática, porque eu ia perguntar a você a respeito da identidade do gênero feminino e depois a do masculino. Mas você juntou tudo e começou a mostrar que tudo isso faz parte de uma dinâmica...

B Com nuances diferentes. É claro, não nego, mas estamos dentro da mesma panela.

S Depois de ver esse filme, começamos a brincar sobre as atitudes machistas do homem argentino, as atitudes machistas do homem brasileiro e como a mulher complementa ou reage a isso. Como você vê as pessoas lidando com isso, nesses dois países?

B Tanto o machismo como o feminismo, os "ismos", são caricaturas no processo. As caricaturas, de alguma maneira, exageram esses traços para rir de si mesmo, o que não denuncia uma totalidade. Então, somos muito caricatos. O homem argentino é mais sério, mais pacato, tem uma certa arrogância maior que precisa e faz parte de sua auto-estima. Que a mulher ocupe um pouquinho um lugar de menos destaque seria bom, que fique um pouquinho por trás. Acho que falamos do tango, em que o homem leva a mulher e ela o acompanha, e que tem um movimento bonito nisso. São figuras que vão para a frente e para trás, para a frente e para trás, sem mexer as cadeiras, o homem com o corpo mais rígido, como que dizendo "eu posso", "eu a levo". É uma sensação de potência que sempre tem que existir, porque, do contrário, se sente com muito medo. Esse seria o disfarce do homem na Argentina. Uma postura arrogante e que tem uma coisa charmosa.

A mulher argentina nesse momento está copiando um pouquinho isso de "eu também posso". Existe um certo confronto, uma evolução desse feminismo que tem como interlocutor o homem. Ele aparentemente estaria desafiando a mulher, dizendo: "Você não pode, precisa ser levada por mim", e ela respondendo: "Nada disso, você sai do meio porque eu vou...". Ainda falta começar uma melodia diferente, onde os dois possam fazer uma coisa nova. Mas o jeito argentino é bem arrogante, tanto do homem quanto da mulher. Acho que isso esconde também muito sofrimento. A Argentina sofreu muito, por muitos anos. Esse desafio à vida, encarnado pela mulher, tem a ver com situações históricas que são muito dolorosas e difíceis de transitar.

Acho que é diferente o feminismo e o machismo no Brasil. O brasileiro tem uma outra postura. Ele disfarça um pouco: "O problema é sério, mas vamos brincar". Se o argentino se investe de uma certa arrogância, o brasileiro se investe de uma aparente descontração. No fundo é a mesma dor, são as mesmas inseguranças, que simplesmente têm disfarces relativos a culturas diferentes. O homem brasileiro é também profundamente machista, e, embora no fundo tenha uma certa descontração, sente a ameaça na evolução da mulher. Ao contrário do argentino, que diz "Eu posso e ninguém me tira do meio", o brasileiro fica mais calado, tentando fazer de conta que nada está acontecendo.

A mulher brasileira, de um jeito diferente, também desafia. Seduzindo, dominando pela sedução. Não seduz marcando o poder, mas seduz brincando charmosamente, tem um charme muito especial. Daí essa lateralidade brasileira, essas cadeiras que se mexem, em que a dança é diferente, mas o sentido profundo é o mesmo.

S Estamos fazendo uma analogia do tango com o samba? Você já viu no carnaval a porta-bandeira de uma escola?

B É isso mesmo.

S Conversando sobre movimentos místicos e terapia, você falou sobre o perigo de mitificar o místico, e incluir isso no trabalho terapêutico de uma forma inadequada.

B Aquilo que se abre a outras dimensões, onde a lógica aristotélica não serve para compreender, pode ser um reino de enriquecimento místico se você faz consigo mesmo, sob orientação. Respeito muito esses trabalhos de meditação, que ajudam a chegar a dimensões íntimas que estão além do raciocínio. A lógica aristotélica tem sido feita com todas essas normas de não compreensão, justamente para impedir que se chegue a um patamar mais amplo. Esse nível pode significar a loucura e nele é possível se perder em significações profundas e abertas. Acho que o pensamento estruturado não serve para se aproximar dessas dimensões. O ideal seria a possibilidade de chegar à meditação profunda tipo alfa e além, com alguém que ajude e não interfira.

Agora, quando aparecem esses campeões do misticismo que dizem: "Eu sinto tal coisa", "Eu sinto que você", me cria uma rejeição muito profunda.

Especialmente aqueles que trabalham com o corpo e tocam no paciente e dizem: eu sinto... aquilo, e este tem que aceitar a revelação do outro, como sendo a verdade. Aí me parece uma falsificação, uma coisa perigosíssima. Não gosto de entrar nesse campo. Às vezes, tenho curiosidade, me aproximo um pouco, mas vejo coisas nessa linha e rejeito.

S Em relação ao cliente, o que é, explicitamente, temerário e perigoso?

B Acho que a vida ilumina aquilo que pode. Ilumina e esconde, sempre há sombra e há luz. Isso não é por acaso. Internamente também, há coisas que são inconscientes e devem continuar assim, porque do contrário talvez o desestruturante de um nível tão amplo de consciência pode ser perigoso para o ser humano.

Por exemplo, algumas pessoas me procuraram e falaram de "vidas passadas" como se fosse arroz com feijão. Diziam que eles tinham sido marido e mulher, mas que ele não tinha permitido a ela ter um filho, então obrigou-a a abortar e que agora ela queria ter um filho só para si, para se vingar. O terapeuta de vidas passadas dizia que "nas vidas passadas esse foi o conflito". Pode até ser, essa mulher pode estar vendo coisas que não vejo, mas tanta coisa mais imediata estava acontecendo nessa vida, que já é complicada demais! Francamente, me incluir na outra vida, para saber qual é a minha missão nessa vida agora? Não sei até que ponto me abre ou me fecha ou me leva a um nível de compreensão maior. Mas em que isso me ajuda?

Sei que o mundo vai se aproximando de outras dimensões, como sempre aconteceu. Se a gente olha para o mundo dos gregos e romanos, o que eles pensavam ser magia é uma dimensão de realidade. A coisa que voava era mágica, o deus Mercúrio, e atualmente é um simples avião. Com o tempo foi sendo possível incorporar na cultura uma compreensão na operatividade. Mas com tempo. Isso é um processo. Então, acho que os tradutores desse mundo são mistificadores. Não me meto naquilo que não posso operar. São os nossos sacerdotes. Eles nunca me aproximaram de Deus. Muito pelo contrário.

S Você escreve no livro *Nuevos Rumbos en Psicoterapia Psicodramatica* que nós, enquanto terapeutas, falamos dos nossos pacientes discorrendo sobre teorias e técnicas, mas não sobre nós mesmos. Que nós não nos comunicamos. A máscara do terapeuta é difícil de ser tirada também entre os iguais no papel?

B Por isso os terapeutas ficam tantos anos em terapia. É o único lugar que reservam para tirar a máscara. Em geral, têm que fazer tanto, e se você fica com a máscara por muito tempo, ela gruda, e depois não há como tirá-la. E você não sabe qual é sua máscara e quem é você. Perde a identidade, se confunde, e isso é perigoso. Atualmente há mais grupos de reflexão, onde os terapeutas falam. É importante poder falar de nossas dores, nossos fracassos, nossas dúvidas. Poder falar sinceramente aquilo que é bom, de re-humanizar o nosso papel. A gente passa muitas horas por dia nesse papel, e portanto ele é gerador de identidade central.

Muitas vezes, faço teste nos terapeutas que se formam comigo, para ver qual o lugar, em termos de horas e de dias, que ocupa esse papel, em comparação com o desempenho de outros papéis. A maior parte chega a mais dos 70 por cento ocupados neste papel profissional. Tudo gira em torno disso. Sua identidade como ser humano acaba em torno disso e se você fica muito tempo nesse lugar acaba conversando muito, a partir deste lugar, com o outro. Então é muito importante a troca.

Sinceridade quer dizer sem cera, sem máscara. A competição, a luta por espaços de privilégio, o falso prestígio impede essa troca saudável. Os terapeutas escondem essa situação e então usam cigarro, álcool e danificam o próprio corpo. Escondem a doença porque "terapeutas não devem ficar doentes", se envergonham disso, e assim se fecha o círculo.

É preciso ter um grupo de estudos, teoria, mas é outra história. Falo de grupo onde se possa compartilhar os sofrimentos. Você sofre em mil vidas, quando você trabalha: aquela paciente que está sofrendo porque quer ter um filho e não pode, aquele outro que perde o que quer, outro que está lutando e não consegue chegar, mais um que está deprimido e não sai do buraco. Isso gruda na sua pele. Você não é um simples tradutor, é uma pessoa, e isso mexe com sua vida, com sua sensibilidade. Quanto tempo a gente perde se não tem espaço onde compartilhar com outro, onde dizer o que está sentindo a respeito disso. Porque você fica cheio de estímulos e devolvendo a maior parte do tempo ao outro, ao paciente, o que você está sentindo em termos disso, daquilo. Interpreta, faz uma dramatização, e tem pouco espaço para *sharing*, do ponto de vista do terapeuta.

Precisa compartilhar, simplesmente compartilhar, refletir juntos. Na medida em que você inclui sua vulnerabilidade e tem algum espaço para que essa vulnerabilidade possa fluir, tem possibilidade de não ficar na onipotência. A vulnerabilidade marca sua potência, o limite. Fiz muitas propostas disso para congressos: "Vamos tirar as máscaras, vamos falar... deixar de teoria, de técnica, de clínica". O encontro entre profissionais da mesma área deveria ser um lugar onde a gente pudesse realmente compartilhar *feelings*, sentimentos profundos, inseguranças. Não estou dizendo supervisão, que é outro espaço, já profissionalizado. Estou falando de um espaço mais social.

S Pessoal e mais privado?

B Pessoal, íntimo, do papel. Nunca consegui concretizar essa possibilidade. Talvez porque também tenho dificuldade. A gente está tentando, mostrando o que faz. Acaba sendo uma espécie de jogo de pavões se mostrando, mostrando o que faz aos outros, esperando vaidosamente um triunfo. Mas, realmente, o que mais se precisa, neste momento, é desse outro mais simples, mais humano, fazendo aquilo que faria a vizinha. Só que isso implica desmistificar sua própria figura, e se sofre muito com isso. Muitas vezes a competição é por medo de compartilhar. O medo está no *sharing*, e estamos muito mais treinados a competir do que a compartilhar.

S Existe entre nós o medo da invasão do espaço próprio...

B Deixe que eu conte um pouquinho a respeito do cigarro. Você está fumando, vai até a janela e todo mundo faz isso comigo. No consultório, é claro, não deixo fumar, detesto a fumaça.

Eu parei de fumar quando tinha uns trinta e seis anos. Acho que adquiri consciência no dia do nascimento de Maria Elena, em 19 de janeiro de 1970, dois anos antes da morte de meu pai. A gente queria muito ter uma menina. Desci correndo a escada para avisar os meus pais e meus sogros que estavam no apartamento do hospital e fiquei sem fôlego. Estava com trinta e seis anos, e sem fôlego. Aí parei, pensei: Minha filha está nascendo, estou sem fôlego, quando minha filha for adolescente, o que vai restar? Eu adorava e adorei sempre brincar com eles e me perguntei: o que vai restar de mim? Peguei o cigarro, joguei fora e nunca mais fumei. Gradativamente fui criando uma formação reativa que me ajudou, comecei a detestar, a não gostar, a fumaça me molesta, me incomoda, começo a espirrar, me sinto supermal com isso.

Você acaba tendo que fumar por tabela e acho uma coisa injusta. Que se possa fazer isso na intimidade, tudo bem, que se faça o que quiser, mas não nos espaços comuns. Respeito muito as pessoas que fazem aquilo que querem dentro dos próprios espaços, mas que também tenham condutas comunitárias, que respeitem normas. Assim como gosto tanto da espontaneidade da vida, a espontaneidade sem normas é uma estupidez, ou psicopatia. As normas de convivência são muito importantes. Saber que, se você está numa fila, tem que esperar sua vez. Os argentinos sempre estão tentando furar a fila. O direito de cada um é maior que qualquer outro, só porque é seu. Então as normas são para os outros. E é claro que isso vem de um governo, de um modelo corrupto, de figuras de líderes políticos que de alguma maneira transmitem esse padrão de conduta. Acho que é baseado num padrão de respeito, que é olhar o outro como seu igual. Isso é importante como regra de convivência.

S Deus, ou os deuses, são necessários ao homem?

B Sim. Tão necessários que, com diferentes versões, estão presentes em todas as culturas. São necessários em muitos sentidos. Para mim, nunca foi uma dimensão que me dissesse profundamente alguma coisa. Nunca fui católico, ritualista, de ir à igreja... Além disso, tenho uma clara rejeição pela estrutura de poder econômico, a mentira, hipocrisia, de toda a coisa eclesiástica, católica, que é aquela que mais conheço, uma profunda rejeição pelo poder, da coisa mascarada, mentirosa, do falar de uma coisa e fazer outra.

Mas uma coisa é a estrutura da Igreja, e outra a religião que quer dizer *ligar com*. É o acesso à dimensão do desconhecido, onde de alguma maneira vemos aquela idéia de Deus que Moreno me transmitiu. Existe uma dimensão na qual me encontro internamente em contato com a minha criatividade, com a minha capacidade de criar alguma coisa nova e que de alguma maneira está mais perto do demônio — que seria transgressora da criação, a capacidade criadora do homem.

Existe também, além da dimensão individual, uma dimensão em que toda essa capacidade criadora potencial faz uma espécie de grande inteligência potencial possível, que é um conjunto que está além de cada um de nós. O que é isso? Não tem uma estrutura, uma forma antropomórfica, não é... é além. Há coisas que, por exemplo, lendo Hankins (a teoria do *quantum*), você enxerga a partir do *quantum*, uma dimensão da matéria, que de alguma maneira seria o além, onde já é quase a ausência de matéria. Essa dimensão, que acumula também esse potencial possível. Ela tem a ver com alma, por exemplo, com aquela parte da energia que em psicologia a gente considera muito pouco, a menos que seja Jung, que faz uma aproximação a tudo isso. Acho que é aí onde eu chego no meu limite. Mas que tem mais, que está lá, que é aquilo; para mim nisso aí está Deus.

S E a mitologia?

B A mitologia seria a maneira criada pelos povos de compreender a realidade. Cada mito tem, de alguma maneira, uma estrutura compreensiva de fatos que acontecem entre os homens. Há uma bonita frase que diz: "Os mitos são os sonhos dos povos". E é verdade, é o inconsciente coletivo que estaria ligado a isso, e que de alguma maneira aparece com formas, contos e relatos...

S Deuses e heróis são importantes?

B Se você olha com a tradução da cultura, sim. Eles permitem compreender uma cultura, numa determinada fase, num determinado momento da cultura. Afrodite, por exemplo, ou o mito de Eva, a virgindade de Maria. São valores, situações da cultura que vão sendo traduzidas a partir disso. É importante compreender para assimilar um conceito comunitário.

S Dá para passar isso também para o plano individual?

B Também. Cada um tem o próprio mito.

S Uns tempos atrás, tivemos uma conversa sobre "vida oficial" e "vida clandestina" do ser humano. Fomos criados dentro de uma cultura ocidental cristã, onde só deve aparecer a vida oficial. Queria que você falasse um pouco sobre isso.

B Clandestino, para mim, é o que não se vê nos livros de história. Quem escreve a história? Quem ganha? Internamente, também fazemos a mesma coisa. Temos tal parte que serve para ser publicada e parte que não. E que vai gerando também uma sub-história clandestina, feita com as pequenas misérias e às vezes com as grandes misérias. Esse pequeno homem que temos internamente, ou pequena mulher, que a gente não gosta, esse outro pequeno que existe de alguma maneira aparece sempre nas sombras.

Há outras coisas, que a gente esconde até de si mesmo. Há uma história que está sendo escrita mas não publicada, e outra que nem está sendo escrita, condenada a um mundo de sensações a que não temos acesso. Então, temos as três dimensões. Acho que poderíamos colocar mais esta terceira.

S A "oficial", a "clandestina" e a... "sem contato"?

B É. A palavra clandestina bate com isso, mas o nome poderia ser a "do além da escuridão".

S E a morte? Ao longo da nossa conversa, o tema morte apareceu muitas vezes. Ela parece um aspecto da vida, ou contrária à vida...

B Não, não. Não é contrária, é inerente à. Sem morte, não há vivos, sem vida não tem morte. Há essa cultura maniqueísta, que tenta fazer a morte como o indesejável, terrível... mas a vida é uma longa aprendizagem para morrer. E para aceitar também mortes, perdas e separações. A gente vai aprendendo: quando é muito jovem, isso fica impossível, fica na dimensão inatingível. A própria morte não tem nem registro, é uma experiência intransmissível. Ninguém pode transmitir nem transferi-la, é uma experiência que não se pode contar. Apesar dos místicos, daqueles "que voltam", e que para mim são todas idéias de negação da morte.

Acho que há uma dimensão além, uma dimensão impossível de ser traduzida em termos do nosso pensamento. Pessoalmente, acho que convivi muito tempo com o primeiro registro que tinha, a angústia pela morte de minha mãe, de meus pais. Durante muito tempo isso foi uma sombra. Tive que me preparar para a aceitação lenta e gradativa da inexorabilidade desse processo. Terrível a gente ter esse confronto muito cedo, sem estar preparado. Isso deixa feridas muito profundas. Lentamente, a pessoa se prepara, vai tendo condições de enfrentar a perda, a morte, pois sabe que a vida é feita disso, tudo o que você ganha vai perder.

Aquilo que é cristalizado e permanente é só uma fantasia, uma criação. Você não pode dizer que vai amar alguém a vida inteira, não pode dizer isso. São criações, falsas criações para negar a morte, porque é o desconhecido. É um movimento de muito sofrimento. Tinha medo de morrer, tinha tanto medo que me sentia morrer... É aquilo que estamos condenados a não saber, e quando a gente sabe não vai poder transmitir. Mas é a única coisa certa da vida, que vamos morrer. Certa e absoluta.

S E a importância do senso de humor?

B É impossível ser terapeuta sem senso de humor. Com um ar solene, sempre sério, acho que as coisas mais terríveis da vida viram trágicas. Você potencia. Poder rir de si mesmo, poder rir com o outro. A Marcia Karp escreveu, numa época em que passou por profundo período de depressão, um artigo a respeito desse episódio. O nome do artigo é "Só dói quando não posso rir". Coisas mais sérias precisam de humor. A solenidade esconde a verdade, não a mostra. É uma máscara.

A descontração permite passar pelas situações mais terríveis da vida, com mais leveza na capacidade de reação. Eu, por exemplo, não começo a dirigir um psicodrama público enquanto não estou me encontrando. Um dos sinais que levo em conta para iniciar um trabalho é estar aquecido. Sinto que estou no ponto quando faço alguma brincadeira, conto piada e todos riem. Aí se estabelece uma certa cumplicidade gostosa, na qual se pode ser muito sério e profundo. A profundidade não é sinônimo de solenidade. Muito ao contrário, quando você é muito sério rindo, está num dos grandes momentos da vida.

S Como você se sente, enquanto diretor, durante a realização de um psicodrama público e no desfecho desse trabalho?

B Insisto que a terapia está indo para essa direção e que a gente de uma maneira, tipo higiene mental, prepara, cria consciência nas pessoas das diferentes nuances da vida, abre reflexões a respeito de temas. Também pode ser mal manejado porque isso é uma coisa muito perigosa e expõe as pessoas. É difícil fazer, mas gosto muito. Acho que estou fazendo um trabalho comunitário de verdade.

Acredito que esse fazer conjunto, que propõe o psicodrama público, é válido em si mesmo. Precisa de um psicodramatista experiente para poder manejar essa situação. Para mim, é uma aventura, e esse inesperado me estimula... me faz bem. Quando fico muito preso numa rotina ou em alguma coisa que não tem algum tipo de estímulo, me parece tedioso. O psicodrama público seria uma possibilidade de usar todos os recursos de minha criatividade a serviço do que está acontecendo. Quando não uso, me acontece uma coisa que é pior que a depressão. É o tédio. Fico com a sensação de rotina, de reiteração, de repetição. Sempre estou procurando alguma coisa que signifique empreender uma aventura. Começar alguma coisa nova, alguma investigação, alguma coisa com aquilo que não sei fazer, que não posso. O psicodrama público sempre oferece esses campos. Nunca se sabe o que vai acontecer, nunca um grupo é igual ao outro. Você tem uma fórmula, às vezes escreve alguma coisinha que vai fazer, desenha... Mas poucas vezes, se você realmente está aberto a uma dinâmica do grupo, vai usar aquilo. E só para dar uma pequena bengala, para não ficar com tanto embaraço e medo.

Outra questão seria o momento em que termina o psicodrama público, seu radar está aberto e ao mesmo tempo é emissor de múltiplos estímulos. Quando o psicodrama termina e todo mundo vai embora, o diretor fica muito sozinho e vazio. Tenho conversado sobre isso com amigos que dirigem, especialmente com a Marcia, que compartilha essas experiências. Você viu alguém esquiando, dá os saltos, vai, faz um esforço e de repente começa a cair. Há uma sensação de que em certo momento você fica no ar. De sobreestimulado a uma sensação de carência, de ter que se encontrar. A pergunta que surge é: quem é você? Você é aquilo que eles falam, aquilo que eles olham. É quando precisa se retrair para se encontrar consigo mesmo.

O compartilhar do diretor é importante, mas compartilhar no psicodrama público, não no depois. No psicodrama público de várias horas, num trabalho desse tipo, é necessário um clima muito íntimo para recuperar uma linguagem menos densa, ampla. Para retomar um código mais individual, mais privado, mais íntimo, muitas vezes precisa-se de uma pessoa, um par. Não gosto de ficar no hotel sozinho quando vou trabalhar fora. Ao mesmo tempo não gosto de continuar no grupo, porque o grupo grande não é o meu lugar. Quando estou sozinho, volto e faço uma hidromassagem. Isso me relaxa, me permite retomar uma identidade individualmente estruturada. Dirigindo psicodrama público, o diretor se sente alienado e precisa achar o caminho de volta.

S Pela sua experiência, o psicodrama público é uma vivência que contribui para um clareamento das pessoas, dos grupos? É realmente um trabalho com densidade?

B Acho que sim. Especialmente, ele cria consciência. Abre a reflexão a respeito de temas, de conflitos. No consultório privado se tem, de alguma maneira, uma sensação que favorece a intimidade, uma qualidade que é muito importante manter, mas ao mesmo tempo permite a auto-referência do conflito. Quando está num grande grupo, por exemplo, e vê todo mundo vibrando e ao mesmo tempo respeitando certas dores, você começa a se tornar um ser humano menos auto-referente com seus conflitos. Por isso eu dizia que isso seria muito bom entre os terapeutas. Os terapeutas que têm muito medo da perda do prestígio.

S Você tem trabalhado muito com casais. Esse é um movimento novo?

B Novo nos últimos dez anos. Antes era menos comum um casal procurar diretamente o terapeuta. Fazia-se uma indicação de terapia de casal. Agora procuram direto, já sabem que existe, e então o casal em crise se propõe uma terapia, tenta solucionar os conflitos. Acho fascinante trabalhar os vínculos — gosto muito.

S E o psicodrama tem uma técnica que dá suporte para esse trabalho de uma maneira satisfatória? Precisa utilizar outras contribuições?

B Psicodrama como técnica, como você disse, tem todos os recursos de combinações e das técnicas para poder adaptá-las à situação que você está trabalhando. Não são duas pessoas, mas três instâncias: uma mulher, um homem e o vínculo entre eles. O foco maior está no vínculo. Portanto, o psicodrama, enquanto técnica, permite uma adaptação destas aos objetivos que você tem na terapia. Agora, o psicodrama enquanto concepção, enquanto maneira de olhar a situação, a dinâmica vincular, oferece toda uma perspectiva própria de olhar o vínculo, trabalhar no vínculo, na interação vincular, compreender as dificuldades nesse vínculo.

S Falando dos últimos anos, uma questão que a humanidade tem enfrentado é a ameaça da AIDS. Se a AIDS antes era um estigma dos homossexuais, hoje cada vez mais as estatísticas mostram que a incidência entre os heterossexuais é muito grande. E então se põe às claras também a bissexualidade, que é vivida e muitas vezes colocada na sombra. A partir da AIDS, ela começa a ser denunciada. Como você vê isso?

B Através de um nível de compreensão mais profundo, amplo, holístico, algum dia vamos entender por que este grande flagelo surge exatamente agora, num momento de confusão. Tem gente que procura explicações místicas, como se a AIDS fosse um castigo divino diante do excesso de liberalidade, da falta de contenção. Se você tira esse aspecto moralista, é preciso alguma coisa a mais. Havia um momento de grande expansividade, aparentemente sem limites. A partir da AIDS, sabe-se que a liberdade não é necessariamente soltar os impulsos, mas poder administrá-los.

S Você está falando da bissexualidade?

B Em termos gerais. Depois da época vitoriana, em que a repressão obrigava a agir através de um modelo, e a transgressão era considerada moralisticamente reprovável (o mito da virgindade etc...), caiu-se num excesso, onde as pessoas pareciam ter atitudes muito reativas. Assim como a gente não se dá com determinada pessoa, não troca intelectualmente, afetivamente, também não troca corporalmente. Tenho ouvido adolescentes dizerem que, se não têm determinados comportamentos sexuais, são tidos como idiotas. E para não serem tidos como idiotas, e com medo de serem tachados de caretas, buscam a promiscuidade.

É preciso aprender a administrar os desejos, para que a administração não moralista, mas adequada e sábia dos desejos, faça com que a vida seja harmônica. Porque do contrário você está à mercê e aí volta a um estágio selvagem. Acho que, de alguma maneira, a AIDS aparece por outras razões e que há um nível de compreensão que me escapa.

De qualquer forma, ela faz parte de um momento histórico-cultural da evolução do homem. Nesse momento, como diria Jung, certamente não é por acaso que aparece isso, e faz com que as pessoas parem e pensem de alguma maneira na administração dos impulsos. Passem a avaliar realmente. Aquele excesso era uma desconsideração a respeito da própria sexualidade. No fundo estava no mesmo desprezo, ou seja, não hierarquizava na sexualidade. Hierarquizar como uma coisa profunda, importante — a seletividade. A gente não se dá a qualquer um, não confia a intimidade a qualquer um, vai confiar o corpo? Espero que a AIDS seja dominada, mas em outro sentido está prestando um serviço. É como dizer para o mundo: "Cuidado! Olhe! Quem? Com quem? O quê? Discrimine, avalie, hierarquize. É uma parte importante de sua vida. Não é qualquer coisa".

S Do ponto de vista filosófico, quais foram as importantes contribuições que você integrou no seu trabalho terapêutico?

B No começo do meu trabalho, eu olhava muito com olhar médico. Numa perspectiva médica. Quer dizer, eu olhava para o sintoma, para a doença, falava de doença e olhava muito pouco a pessoa que tinha esse conflito. Por isso eu chamava de doença. E acho que você vai olhando, na vida, aquilo que pode operar, aquilo que não o sobrepassa, e você não enxerga dimensões, se você se sente sem instrumentos para fazer alguma coisa. Então vai olhando primeiro uma pequena erva no jardim, depois pode enxergar que há alguma árvore por aí. Num certo momento começa a olhar o bosque, depois além daquele bosque, em outro momento você descobre que esse bosque está dentro do mundo, com várias dimensões que você não enxerga e jamais vai enxergar. Mas vê que essas dimensões existem e aos poucos vai enxergando o que está além dessa dimensão.

Nesse sentido, quando sinto que estou chegando, às vezes me aproximando dessa dimensão mais ampla, Moreno vem em meu auxílio, claramente. Muitas vezes Sartre me ilumina, pois sempre me disse muito a respeito do homem, da existência, de seu sofrimento. A dimensão mais moreniana do homem criativo, como potencial desejável, como um universo aberto, é um pouco aquela que me ajuda a enxergar o homem de maneira muito saudável. Me faz bem esse olhar que posso ter. Não sei se faz bem também à pessoa que olho desse jeito.

Sei que há também uma outra, daquelas pessoas que estimulam a entrar em contato com a censura, com o clima de censura, que fecha, tranca, torna pequeno, torna o homem à menor dimensão de si. Todos temos essa pequenez, mas para que estimulá-la? Quando encontro muita gente com a qual começo a conversar e a me sentir igual ao pior de mim, vou embora, não quero isso. Sei que não tenho armas para mudar, é um código que vai se estruturando e cria um caminho que não me interessa percorrer. Sei aonde vai dar.

S Que lhe diz Nietzsche?

B Isso mesmo que acabei de falar: esse olhar em perspectiva. Olho a partir de minha história, eu olho você a partir de minhas cicatrizes, minhas alegrias: não posso olhar você de outro jeito, então você para mim é o que eu olho. Mas você é milhões de Suzanas, tantas Suzanas quantos olhos existam. Então essa perspectiva nietzschiana que Moreno pega me serve muito e faz bem. Tira da rotulação, da arrogância com a qual a gente diz: Você é de tal e tal maneira. Leva a uma dimensão mais íntima e mais relativa. Perde essa terrível tirania do rótulo. "Você é agressiva", "você é simpática", "você é bonita", eu vejo você dessa maneira. Afirmo aquilo que posso afirmar, que é a minha percepção. Esse aspecto é sempre atingido pela minha perspectiva. É importante poder afirmar: "Eu vejo você de tal maneira!".

Esse é o grande problema do autoritarismo, do poder que a gente exerce em cima do outro. Isso não só com pacientes, mas também com pessoas próximas. Quando se passa de uma determinada distância no vínculo e se chega a uma maior intimidade, aparecem os jogos, que às vezes são muito mutilantes. Por exemplo, numa dessas intimidades, alguém fala para o outro como ele é, de uma maneira final, total, afirmando enxergá-lo assim. Em vez de você dizer a alguém que ele é uma pessoa chata, você pode dizer que o vínculo está sendo chato, e que você se sente desse jeito, pois faz parte disso que está acontecendo. Aí aparecem as tiranias nos vínculos: "você é de tal maneira", "você não é capaz", "você não sabe aquilo e aquilo mais". Ou preciso de alguém muito eficiente, então digo: "você é eficiente", "como você é eficiente", estimulando sua eficiência porque necessito dela. Desestimulo outros aspectos porque não me convêm.

S Nesses seus trinta e cinco anos de trabalho, você tem tido contato com muitas gerações de psicoterapeutas. Há diferenças marcantes nessas gerações? Na Argentina? No Brasil? Não sei se é possível estipular alguma diferença entre países.

B É mais fácil talvez começar pelas gerações. Há claramente uma evolução. Quando comecei a trabalhar, os consultórios tinham quase um clima religioso. Ninguém ousava contestar, você entrava num clima místico, onde o terapeuta estava investido de um papel de quase sacerdote, falava pouco e era misterioso. Tudo isso tinha a ver com a descoberta do inconsciente, e o papel do terapeuta era mais ou menos o do sacerdote que ia fazer-se de intermediário para entrar em contato com essa estrutura que a gente tinha dentro e não conhecia. Falar do inconsciente era quase como seria agora falar do além.

Com o decorrer do tempo, como todas as descobertas do mundo, começam a ser manejadas ou conhecidas por algum núcleo social restrito, e depois vão sendo absorvidas pela cultura. Agora todo mundo fala de inconsciente. Nenhuma pessoa com quem você fala desconhece os termos: "Ah, sim, deve ser tal ou qual um mecanismo de defesa" ou "uma pessoa é histérica" ou "está com uma fobia". É óbvio que existem muitas distorções na interpretação de certos conceitos freudianos, mas isso, de qualquer maneira, foi absorvido pela cultura. Acabou então o papel sacerdotal do terapeuta.

Agora o terapeuta é uma pessoa mais próxima, inclusive em psicanálise. E não só na postura mais próxima, mais humana, mais real, mais completa. Já falei disso, e do quanto facilita o encontro. Também as pessoas não aceitam o papel sacerdotal. Seria mais uma mistificação, uma coisa a contestar, porque muitos conhecimentos já foram absorvidos. Isso gerou uma mudança também na atitude dos terapeutas. Antes éramos sacerdotes, agora somos trabalhadores da saúde mental. É uma diferença que eu diria que é mais de gerações. Não diria que há uma diferença muito grande entre o brasileiro e o argentino, além das evidentes diferenças de cultura.

S Quando o social invade o privado de uma forma muito intensa, a nível de um país (você já falou bastante disso em termos da Argentina), que cuidados o terapeuta deve ter para exercer e desenvolver seu papel?

B É importante que não faça muitas das coisas que eu fiz. Deve preservar o papel, os limites da função para a qual ele foi chamado, e não deixar de lado o contexto que precisa estar sempre presente e analisado. Por exemplo, numa questão de pânico econômico, na qual a gente está incluído de maneira muito próxima, junto com os outros. É importante poder preservar o distanciamento suficiente para admitir e, num certo momento, compartilhar a angústia, a ansiedade.

Mas também não devemos perder de vista que essa pessoa está pagando, não para você ser uma pessoa que diga: "Ah, sim, que desgraça, não é?", e simplesmente compartilhe. Isso é fácil e se pode fazer com um amigo. Essa pessoa está investindo com você nesse material. Você poderia dizer também uma coisa para compartilhar, mas desde que depois possa se distanciar disso, e trabalhar como isso está sendo vivido por essa pessoa. Não implica tirar a significação social que inclui você, mas saber que a sua função é instrumentar a pessoa para lidar com uma situação que também inclui você. Então não podemos esquecer que o papel, para o qual você foi chamado e está sendo pago, é o de terapeuta, não de amigo. Muitas vezes perde-se isso de vista.

S Logo que fiz a pergunta, você respondeu algo como "não fazer como eu fiz". Por quê?

B Como eu fiz? Como eu disse, na época da repressão, muitas vezes as consultas eram simples doutrinamentos, quer dizer, de alguma maneira impulsionava as pessoas para uma participação. O lugar para essa situação era o comitê político. Mas todo aquele furacão que invadiu a Argentina naquela época fez a gente perder a noção do papel específico... E eu perdi, sei que perdi. Não estou dizendo "minha culpa", mas estou fazendo uma reflexão que significa aprender com os próprios erros.

Você não deve deixar nunca de ser um terapeuta próximo e, em certos momentos, muito afetuoso, carinhoso ou receptivo. Mas sempre um terapeuta nessa situação, não um político doutrinador, porque não corresponde a seu papel. Aí há um erro ético.

S E a outra perspectiva, não só a partir do papel de terapeuta. Como é para você o olhar dos cinqüenta e sete anos?

B Engraçado, mas estou indo agora mais freqüentemente ao oculista. A visão de perto está diminuindo, mas estou enxergando mais longe. A visão, no sentido físico, não orgânico, vai perdendo a nitidez. Agora, na outra visão, que não depende só dos olhos, estou vivendo com uma visão mais ampla. Às vezes, me entristece o que enxergo agora em relação aos outros e a mim mesmo. Tenho a sensação de que não era consciente, não estava enxergando, o exemplo do bosque que usei na nossa conversa. Então, você vai envelhecendo... Se você se permite falar com as cicatrizes, essas cicatrizes vão se integrar no seu olhar e ajudam a enxergar coisas nem sempre fáceis de notar.

Tenho a impressão de que me aproximo de uma dimensão minha, e dos outros, que me faz bem. Talvez um olhar aberto para compreender, não só olhar aquilo que já sabia.

S Um olhar bom de conviver...

B É bom, é bom. Me deixa dormir tranqüilo e em paz.

S A essa altura, em termos de vida, de trabalho, de experiências, o que é sabedoria?

B A sabedoria é, de alguma maneira, não saber defini-la. Talvez leve a esse olhar compreensivo, mais amplo, onde está incluída a surpresa, aquilo que você não sabe, mas pode chegar a saber ou sabe que não vai chegar nunca a sabê-lo. Acho que esse olhar, essa perspectiva que não rotula, é uma transformação vital do conhecimento. Senão o conhecimento fica apenas uma acumulação de informação. Em várias situações na vida, há momentos de sabedoria, nos quais você tem a sensação de estar integrado dentro de você mesmo com o que acontece. Uma sensação de harmonia muito profunda, inacreditável. Em outros momentos você sabe que está olhando de uma maneira parcial, que está se mutilando, com aspectos que estão em luta consigo mesmo. Momentos de luta e de confusão.

Esse encontro consigo mesmo, e também outros momentos de encontro, nunca são um estado. Duvido que exista um estado, a menos que isso seja o que chamamos de Deus. Aí pode ser um estado de sabedoria, que seria a acumulação de sabedoria humana, num estado latente. Nem os que são tidos como sábios, esses do Tibete e que fazem meditação, são sábios, na medida em que você os enxerga de longe. Quando você se aproxima, vê que sofrem, que têm angústia. Angústia é uma das qualidades do ser humano. E aí está sempre interferindo em suas metas. E outras vezes ajudando a chegar a elas.

S E a mulher madura, o homem maduro?

B De novo não posso separar. Os seres humanos maduros são aqueles que podem admitir a própria imaturidade, por exemplo. Porque a maturidade não é um estado, o homem está continuamente em transformação. Maturidade é a maneira de lidar com essas transformações, essa contínua mudança que está na vida, poder se adequar às diferentes circunstâncias que estamos tendo que viver, nessa época em que as mudanças são muito fortes, em que se requisita cada vez mais o uso do nosso potencial para enfrentar o mundo de transformações em todos os sentidos. É aceitar a transformação, aceitar o sofrimento, aceitar a falibilidade, assim como afirmar-se naquelas coisas que estão mais certas. Afirmar-se nos seus próprios valores e não renunciar a coisas que são centrais e importantes para manter esse eixo.

S E como entra nisso o processo de envelhecer?

B Disso eu posso falar muito bem. Eu estou aí. É outro luto. Sempre fui o mais novo da classe. Diziam: "Puxa vida, que novo! Como ele se formou novo! Menino inteligente. Olhe esse rapaz, como está se dando bem na profissão, e é tão novo...". De repente, num piscar de olhos, você começa a sentir que não é o mais novo, os cabelos brancos começam a aparecer. Você se vira de costas para levantar alguma coisa que tinha caído no chão e uma neta diz: "Que é isso?".

Lentamente você está vendo o limite de sua própria vida, que vai chegar a um ponto que tem que se confrontar com a própria morte. E não tanto com a morte, que é um limite final, definitivo, um ato, mas com aquilo que é ir aceitando as limitações. Você não pode correr como os garotos correm, tem que descansar mais tempo, tem que levar em conta que você já não pode ir, não tem todo aquele potencial. Por exemplo, eu aprendia muito facilmente línguas, falava francês desde pequeno e depois comecei a aprender inglês também desde pequeno. Tinha uma certa capacidade de pegar as diferentes línguas de uma maneira natural. Eu fechava os olhos, pegava o ritmo de um idioma e em seguida começava a compreender e podia falar.

Uma vez me encontrei falando alemão. Pensei: "O que é isso?". (Claro, com muitos erros, mas compreendendo a estrutura da língua depois de ter pego um ritmo.) Atualmente não posso fazer isso, não dá, já perdi essa elasticidade. Então fico preso naqueles idiomas que já sei, e tenho que admitir que é uma ferida narcísica forte. Você vai tendo uma certa cristalização. É importante poder conviver com isso, aceitar. É doloroso. Sempre é. E ninguém venha me dizer que não é, porque é mentira.

Estava lendo um livro de Isabel Allende que diz que as gerações dos homens velhos mandam os meninos para a guerra por inveja. De alguma maneira precisam destruí-los, porque não aceitam a própria limitação, querem manter o poder. Então criam essa situação para destruir jovens. Acho que não é a única razão de uma guerra, também ela não pretende dizer isso, mas é uma reflexão profunda de uma possível razão e motivação para a guerra. Porque é doloroso saber que há um garoto que está podendo fazer tudo aquilo que você já não pode.

Quando estava recém-formado, sonhava que voltava para a faculdade, mas sabendo tudo o que sabia quando a terminei. Sofria no sonho, porque dizia: "Como, ainda me faltam matérias...", e aí pensava: Ah, mas agora sei tudo, porque já fiz". Então esse era um sonho repetitivo e acho que era um sonho que pode ser meio universal: pensar como seria voltar a viver muitas coisas que a gente fez, sabendo tudo.

Em muitos sentidos isso é uma coisa dolorosa porque é como você aprende... É como aquele ditado: "Quando aprendi as respostas, mudaram as perguntas", só que já não se tem a capacidade de aprender novas. Não é tão terrível assim, você vai substituindo isso pelo aprofundamento do que você já tem. Você perde esse potencial de procurar coisas novas. Isso pára. Se você não fica muito ressentido, chorando por aquilo que está perdendo, e consegue superar, não negar essa dor, você começa a aprofundar aquilo que já tem, começa a refletir em cima disso, talvez a enxergar o mundo de uma maneira diferente. Acho que isso é bom, mais vibrante. Mas isso tem outra qualidade, diferente da vibração da juventude.

S Você disse: "... perde o potencial de procura". Fiquei me perguntando se é isso mesmo ou se no envelhecer há uma mudança do ritmo de busca, onde não há mais aquela ansiedade...

B Em parte, é como você diz. Essa é uma parte. A outra é uma perda mesmo. Vamos raciocinar: acho que o psicodrama agora é uma coisa que para mim é válida. Mas vamos imaginar que amanhã aparece uma coisa nova, que até poderia dar as mesmas respostas. Não sei se teria a mesma capacidade que tive, quando passei de psicanalista para psicodramatista. Não sei se ainda tenho esse jogo de cintura. Assim como parei de ter o potencial para aprender idiomas, também posso parar de ter capacidade de aprender novos códigos que signifiquem nova aprendizagem. Vou continuar aprofundando, vou checar a validade das minhas procuras, continuo lendo e interessado, mas não vou mudar. Isso fica para os novos, para os meninos. Não para mim. Não mais.

S Quem é Dalmiro Bustos?

B Sei lá. Acho que sou um pouquinho de tudo o que eu disse. Fica muito difícil dizer, em poucas palavras, uma coisa que me defina. Sou um ser humano, com todas as falibilidades, dificuldades, angústias, medos, com minhas interrogações, algumas respostas, mas que também vai convivendo cada vez melhor com as interrogações. Que vai menos em busca de respostas fechadas, que pode observar as próprias dificuldades com maior tranqüilidade e paz, mas que em certo momento vira uma espécie de pessoa que até desconheço, que procura mas não procura em paz. É dessa procura que gosto, essa procura de aventura, dessa coisa nova que aparece no horizonte. Mas esse outro que se perde, que também existe, que não sabe, que perde o contato com o próprio momento. (Essa categoria tão fantástica, segundo Moreno. O momento, aquilo que você não pode apreender, está além disso, que ao falar disso já foi.) É um pouco de tudo isso, com minhas coisas mesquinhas, minhas vaidades e possibilidades... mais generosas ou mais altruísta. É tudo isso.

S No dia de seu aniversário estávamos conversando no instituto, e havia lá duas pessoas que fizeram um comentário assim: "Ah, então você está fazendo uma entrevista com Dalmiro? Espero que ele não se esqueça de falar de nós". Fiquei pensando se você gostaria de referir nesse encontro algumas pessoas, além das que você já referiu, como presenças fortes em seu caminho.

B Não gostaria, porque seria como deixar de lado outras. Acho que meus alunos, alguns que têm sido meus pacientes, são parte muito central da minha vida. Se eu falasse de algum, me sentiria como que deixando outros de lado, outros momentos. A vida é feita de momentos de grande intimidade. Aprendemos a ficar juntos lutando por coisas e aprendendo e ensinando, que é a mesma coisa. Aprendendo quando ensino, ensino quando aprendo, e nessa dialética que é tão bonita e muito vibrante é importante estar juntos buscando. Todos eles são parte importante, central de minha vida, tantas horas de minha vida passo com eles nesse encontro tão profundo. Todos eles fazem parte do mundo que eu amo...

S Alunos e pacientes?

B Sim, eu os amo muito. Me dá sentido, um sentido muito importante na vida. Me sinto querido, não só admirado. Aparece, por exemplo, a gratidão, que é uma coisa séria e profunda, no ser humano, que enaltece a quem sente essa gratidão, e enalte também a quem recebe essa gratidão. É muito rica, muito boa, e isso é amor também. Então, sou eu que agradeço a eles por tudo o que me permitem.

S Quando propus a você fazer esse trabalho, lembro que nós estávamos em São Paulo, sentados um em frente ao outro. Você me estendeu a mão sorrindo, eu estendi a mão, e ali fizemos um pacto. Bom, de lá para cá aconteceu uma série de coisas, inclusive a semana em Buenos Aires, os dias de Pinamar. Como foi para você ter feito essa jornada de conversas comigo?

B Foi muito gostoso. A gente é tão inteligente e tão burro, tão superficial e profundo quanto a gente potencialmente é, e quanto o seu interlocutor o estimula a ser. Às vezes, quando estou conversando com alguém, não me ocorre nada. Como? Parece que eu não sei nada... É porque seu interlocutor está estimulando o burro, e você traz o burro e põe as orelhas aí. Então, quando você tem uma conversa que flui, pode ser até uma conversa na qual um é mais ativo que o outro nas formulações, mas aí sei que essa pessoa potencia a capacidade de ir ao encontro de coisas profundas de você mesmo. Me sinto muito bem. E foi isso que senti nesses dias. Isso é muito gostoso!

Por que eu aceitei? Estou sempre escrevendo livros, nos quais sempre tenho que me preocupar, pelo fundo e a forma, pelo conteúdo e a forma desse conteúdo também. Aí me sento diante do computador, e vai e volta, vêm minhas idéias, e corrijo. Mas quando faço uma entrevista como essa com alguém, que foi a mais extensa que já fiz, tenho a possibilidade de estar mais à vontade... Posso falar, e o outro é que vai se preocupar, vai ter a trabalheira de voltar, de colocar as coisas no lugar, tornar aquilo que é coloquial numa coisa compreensível. Preservar a forma coloquial, preservar o estilo, porque o estilo também transmite, não só o conteúdo ou as idéias. Não tenho com que me preocupar, vai ser um trabalho seu, e isso me ajuda. Acho uma coisa tão deliciosa pensar que vai ser o seu trabalho e que estamos fazendo de uma forma tão agradável e fluida! Vai crescendo, vou mostrando o que sinto e penso da vida e da terapia, dos terapeutas, de todos os temas que tocamos nesses dias. Depois a trabalheira vai ser sua. Curti muito. Agradeço a você, então.

S Também agradeço a você. Fiquei muito voltada para o nosso trabalho e para todos os cenários... Andar por Buenos Aires, conviver no verão de Pinamar, conversar com as pessoas, foi muito rico. Além disso, esta tarefa, com todas as suas nuances, foi para mim uma aventura integradora.

Brincando de falar por metáforas, foi mais um movimento de lidar com a "âncora" e o "barco" da minha vida.

Ficam gratidão e alegria.

Leia também

CENAS FAMILIARES
Psicodrama e Ideologia
José Roberto Tozoni Reis

Através de estudos de caso, o autor analisa a representação das famílias no processo psicodramático: como são valorizadas as relações de poder e as relações afetivas, destacando-se os valores referentes à sexualidade.

ÉDIPO
Psicodrama do destino
Altivir João Volpe

Um psicodramatista se volta para a análise da Grécia arcaica, da tragédia e das artimanhas dos deuses do Olimpo e demonstra que, em pleno século XX, nossas civilizações permanecem ligadas. Relacionando o *inconsciente* com a idéia de destino, Volpe nos propõe uma leitura original da tragédia grega.

JACOB LEVY MORENO
1889-1974
Pai do psicodrama, da sociometria e da psicoterapia de grupo
René F. Marineau

O primeiro livro a examinar a história de Moreno na Europa, assim como os anos passados nos Estados Unidos. Através de entrevistas com pessoas que o conheceram e pesquisas feitas nos arquivos de Viena, Marineau nos oferece um retrato deste homem excepcionalmente criativo e iluminado e nos apresenta uma nova maneira de compreender Moreno.

MULHER, PARTO E PSICODRAMA
Vitória Pamplona

Este trabalho pioneiro apresenta a possibilidade de realização de partos criativos, espontâneos e tranqüilos através de uma metodologia de preparação de gestantes que se utiliza de técnicas psicodramáticas. A quebra de tabus como o da dor e do medo do parto coloca uma nova realidade para as mulheres e oferece-lhes uma opção e uma qualidade de vida mais saudáveis.

PSICODRAMA BIPESSOAL
Sua técnica, seu terapeuta e seu paciente
Rosa Cukier

A importância da psicoterapia individual que emprega a ação psicodramática, sem deixar de levar em conta os outros importantes avanços da psicologia deste século, inclusive a psicanálise. Não se trata de um livro de receitas, mas oferece dicas de extrema utilidade aos psicodramatistas em geral e aos iniciantes em particular.

PSICODRAMA
Inspiração e técnica
Paul Holmes e Marcia Karp (org.)

Os psicoterapeutas precisam de inspiração para trabalhar com as emoções humanas? Quais as novas técnicas que podem ser usadas para resolver dificuldades no trabalho com grupos? As respostas a estas questões aparecem aqui de uma forma honesta e pessoal, através de trabalhos com adolescentes, crianças autistas, anoréxicos, vítimas de abuso sexual, alcoólatras e pacientes terminais de câncer, fornecendo-nos um conjunto abrangente e permitindo uma visão global do estágio atual do psicodrama no mundo.

O TEATRO PEDAGÓGICO
Bastidores da iniciação médica
Arthur Kaufman

O autor defende a idéia de que um diagnóstico rápido e um enfoque correto é tão importante quanto a relação entre médico e paciente para o sucesso de um tratamento. Ele considera que esta conexão é em si um aspecto fundamental da descoberta da saúde e de sua manutenção.

PAIXÕES E QUESTÕES DE UM TERAPEUTA
Alfredo Naffah Neto

Reunião de textos em que o autor relata sua evolução profissional como psicodramatista, o peso da influência nietzschiana, novas experiências profissionais e aspectos de seu agir terapêutico.

DAG GRÁFICA E EDITORIAL LTDA.
Av. N. Senhora do Ó, 1782, tel. 857-6044
Imprimiu
COM FILMES FORNECIDOS PELO EDITOR